A PSICOTERAPIA NA INSTITUIÇÃO PSIQUIÁTRICA

Relatos de vivências da equipe do serviço de psicoterapia do Instituto de Psiquiatria do Hospital das Clínicas

Dados Internacionais de Catalogação na Publicação (CIP)
(Câmara Brasileira do Livro, SP, Brasil)

> A psicoterapia na instituição psiquiátrica / Oswaldo Ferreira Leite Netto (organizador). — São Paulo : Ágora, 1999.
>
> Vários autores.
> "Relatos de vivências da equipe do serviço de psicoterapia do Instituto de Psiquiatria do Hospital das Clínicas".
> Bibliografia.
> ISBN 85-7183-655-8
>
> 1. Hospitais psiquiátricos 2. Psicoterapia — Prática I. Leite Netto, Oswaldo Ferreira.
>
> 99-0548   CDD-362.21

Índices para catálogo sistemático:

1. Instituições psiquiátricas : Psicoterapia : Prática : Bem-estar social   362.21
2. Psicoterapia em instituições psiquiátricas : Bem-estar social   362.21

A PSICOTERAPIA NA INSTITUIÇÃO PSIQUIÁTRICA

Relatos de vivências da equipe do serviço de psicoterapia do Instituto de Psiquiatria do Hospital das Clínicas

Oswaldo Ferreira Leite Netto
(*Organizador*)

ÁGORA

A PSICOTERAPIA NA INSTITUIÇÃO PSIQUIÁTRICA
Relatos de vivências da equipe do serviço de psicoterapia do Instituto de Psiquiatria do Hospital das Clínicas
Copyright © 1999 by autores

Capa:
BVDA — Brasil Verde

Editoração eletrônica e fotolitos:
JOIN Editoração Eletrônica

Proibida a reprodução total ou parcial deste livro, por qualquer meio e sistema, sem o prévio consentimento da Editora.

EDITORA AFILIADA

Todos os direitos reservados pela
 Editora Ágora Ltda.
Rua Itapicuru, 613 – cj. 82
05006-000 – São Paulo, SP
Telefone: (011) 3871-4569
http://www.editoraagora.com.br
e-mail: editora@editoraagora.com.br

Sumário

Prefácio 7
Oswaldo Ferreira Leite Netto

1. Psicoterapia integrada............................. 11
   Eduardo Ferreira-Santos

2. Psicoterapia de grupo em instituições psiquiátricas 27
   Geraldo Massaro

3. Indicação de psicoterapias em instituição 39
   Patrícia de Campos Lindenberg Schoueri

4. Psicoterapia dinâmica breve e instituição: uma
   experiência em curso 47
   Carlos David Segre

5. Psicoterapia no hospital geral....................... 57
   Sonia Maria Duarte Sampaio

6. Reflexões sobre o trabalho de supervisão psicodinâmica
   dos casos da enfermaria feminina do IPq HC-FMUSP.... 67
   Maria Odila Buti de Lima

7. Supervisão psicanalítica numa instituição psiquiátrica.... 73
   Marcia Szajnbok

8. Supervisão, uma visão psicodramática 79
   Alexandre Saadeh

9. Psicoterapia psicodinâmica e ciclo vital 89
   Lázaro Gross Scharf

10. A questão do vínculo e psicoterapia de casais 103
    Ricardo Kfouri

11. Terapia sexual — de grupo, tematizada e de tempo limitado — no hospital psiquiátrico.................. 113
    Carmita Helena Najjar Abdo

12. Uma nova abordagem do masculino e do feminino. As questões de gênero em evidência................. 129
    Luiz Cuschnir e Marisa V. Lourenço Micheloti

Sobre os autores...................................... 147

Prefácio

Oswaldo Ferreira Leite Netto

Além de tentar — como um mestre-de-cerimônias — mobilizar o interesse e a curiosidade do leitor ao que ele está prestes a entrar em contato, como prefaciador, gostaria de aproveitar a oportunidade — sendo diretor desta divisão há quase quatro anos — para apresentar o Serviço de Psicoterapia como um todo.

O Serviço de Psicoterapia existe desde 1963. Foi criado pelo psiquiatra e psicoterapeuta Jorge W. Amaro, o professor Amaro, com experiência em grupos terapêuticos, e está voltado a trazer os conhecimentos psicodinâmicos para enriquecer e ampliar o atendimento ao paciente psiquiátrico. Inserido na instituição psiquiátrica, sua equipe constituiu-se de psiquiatras com formações psicoterápicas das principais escolas existentes, médicos do Instituto de Psiquiatria. A assistência, o ensino e a pesquisa, o tripé que rege a vocação do Hospital das Clínicas, caracteriza o Serviço de Psicoterapia.

A programação da residência em psiquiatria, pós-graduação em *senso lato*, oferecida no Instituto pelo Departamento de Psiquiatria da Faculdade de Medicina da Universidade de São Paulo, inclui, em seus três anos de duração, um estágio no Serviço de Psicoterapia. Nele, basicamente, os residentes têm encontrado um acolhimento para suas angústias ao entrarem em contato com o paciente psiquiátrico, dando os primeiros passos na escuta e na tentativa de compreender o funcionamento mental dessas pessoas. Supervisionados muito de perto, começam a aprender a auxiliar psicologicamente seus pacientes, o que, no meu entender, significa busca de autoconhecimento, de autonomia e de liberdade pessoal.

Nesses anos todos, muita gente passou pelo Serviço. São ex-estagiários do Serviço, vários psicoterapeutas dos mais conhecidos, não só de São Paulo como de outras cidades brasileiras, muitos deles dirigindo instituições como a Sociedade de Psicanálise, de Psicodrama e de Psicologia Analítica.

Ao ler os diferentes capítulos deste livro, o leitor verá que seus autores pertencem a diferentes escolas. Portanto, trata-se de uma equipe diversificada, que poderia dar a impressão de heterogeneidade caótica. No entanto, na prática, esse convívio tem possibilitado ao grupo uma experiência muito rica e ampliadora, quando se pensa que, inevitavelmente, as instituições responsáveis pela preservação e pela divulgação de teorias e técnicas específicas correm o risco de se constituir em verdadeiras igrejas segregacionistas.

No âmbito do Serviço, em nosso cotidiano, tivemos de criar uma linguagem consensual, um mínimo denominador comum, que nos capacita a não perder de vista, a meu ver, o objetivo e a essência do trabalho psicoterápico psicodinâmico: a valorização da vida psíquica como objeto de observação e campo de trabalho, no qual podem ser operadas modificações benéficas em pacientes muitas vezes gravemente perturbados, com diagnósticos psiquiátricos variados. Além disso, ficamos protegidos das elucubrações teóricas e de grandes vôos, tão sedutores e tão perigosos quando reforçam racionalizações e intelectualizações, inimigas do real desenvolvimento. Os capítulos do livro são, de modo geral, essencialmente constituídos das experiências e das vivências de seus autores no Serviço de Psicoterapia.

Tenho pensado que somos um grupo privilegiado de psicoterapeutas, que anda com os pés no chão. Iniciando os jovens psiquiatras na prática e na teoria das psicoterapias psicodinâmicas, precisamos ter a linguagem acessível, aceitável e convincente para que esse recurso tão valioso e indispensável na abordagem dos pacientes psiquiátricos seja desprezado por ser considerado esotérico, ultrapassado ou não-científico.

O avanço impressionante da psiquiatria nos últimos dez anos pode fazer crer, aos menos informados e inexperientes da atividade clínica, que a abordagem psicológica hoje seria desnecessária. O nosso dia-a-dia invalida essa crença. Quer na condução do paciente psiquiátrico, quer na evolução e no amadurecimento dos profissionais, a contribuição dos conhecimentos psicológicos para a eficácia da relação médico-paciente e a continência dos fenômenos emocionais que emergem, tanto no médico como no paciente, é a resposta do Serviço de Psicoterapia à solicitação que nos é dirigida diariamente.

Recebemos encaminhamentos dos colegas que fazem ambulatórios de clínica psiquiátrica, participamos de discussões de casos clínicos nas enfermarias, supervisionamos atendimentos psicológicos das enfermarias, assim como grupos de pacientes e de familiares.

Nossos resultados, entretanto, são de difícil aferição. Lidamos com algo inefável, a realidade psíquica, de apreensão intuitiva. Os estados emocionais, as sutilezas de certos movimentos internos não se manifestam tão claramente, não podem ser quantificados e dependem da sensibilidade do observador.

A função psicoterápica não é uma técnica que pode ser aprendida e treinada rapidamente. Trata-se de algo a ser incorporado na personalidade, que se desenvolve com muito tempo e experiência. São virtudes desejáveis num terapeuta: a paciência, a tolerância, a generosidade. Até mesmo por ficar muitas vezes em posição não muito cômoda, como a de ser cobrado, tanto pelos pacientes, quanto pelos colegas que os encaminham, exigindo resultados, eficácia, cura, abolição de sintomas quando o desejável é que haja uma aquisição de conhecimentos, de sabedoria, de evolução e de amadurecimento.

Pessoalmente, penso que não temos coisas espetaculares e de grande abrangência a oferecer. Fundamentalmente nossa perspectiva é a da pessoa que está em sofrimento, daquele indivíduo em particular, nesse mergulho em seu vasto mundo interior, em busca de sua subjetividade.

Sinto-me satisfeito que a equipe possa mostrar um pouco do que vem realizando; honrado, por dirigir um grupo de profissionais que, além das agruras próprias do trabalho, hoje, também cultiva a atenção ao pormenor, à particularidade e à pessoalidade no trato aos pacientes e aos alunos, médicos em formação, para que, de modo geral, não se perca a dimensão humana da prática médica.

1
Psicoterapia integrada[*]

Eduardo Ferreira-Santos

Às portas do terceiro milênio, a psicoterapia e a psiquiatria biológica não podem se manter como duas entidades distantes e desconhecidas entre si e do próprio paciente, pois incorrem no engano de se perderem em estudos de objetos em detrimento do conhecimento e da ajuda de pessoas.

Num sentido em que me proponho a ser verdadeiramente biológico, procuro mostrar a possibilidade de uma ação psiquiátrica eclética, integrando o biopsicossocial em função do paciente e não da teoria.

Defendo a postura biológica que vê no fenotípico o resultado direto das ações paratípicas interagindo com os fenômenos genotípicos.

Há pouco tempo, vi uma charge do Luis Fernando Veríssimo no jornal *O Estado de S. Paulo*, que influenciou profundamente o meu modo de pensar o mundo em que, hoje, estamos vivendo. Nesta charge, um pai ameaçava seu filho de escrever para o Papai Noel contando suas travessuras, ao que o filho indagou: "Escrever por quê?! Papai Noel ainda não está na *Internet*?!".

---

[*] Este capítulo foi originalmente apresentado como *Paper* no Simpósio de Psiquiatria no Século XXI promovido pelo Instituto de Psiquiatria do HC-FMUSP, em 1997, e publicado, em parte, no livro do autor *Psicoterapia Breve: abordagem sistematizada de situações de crise* (Ágora, 1997).

Confesso que levei um susto enorme e percebi, não sei se tardiamente, que o mundo havia realmente mudado...

E esta mudança, passei eu a prestar mais atenção, acontecia em todos os campos do conhecimento: das comunicações via satélite à imagem diagnóstica por computador, dos sistemas político-econômicos às discussões filosóficas, dos modos e costumes da sociedade à maneira de encarar a vida e a morte.

E a nossa psiquiatria, particularmente a psicoterapia, presa a conceitos quase todos datados da passagem do século passado ou, no máximo, da primeira metade deste já agonizante século XX, não estaria um tanto quanto alheia a estas mudanças?

Pouco depois, ao participar do Congresso Brasileiro de Psiquiatria, em Goiás, pude perceber que grandes mudanças estavam acontecendo. A psiquiatria chamada de biológica ocupava quase todos os espaços, inclusive com um minicongresso particular, premiações por trabalhos e uma badalação danada, causando mesmo um envergonhante sentimento de inveja!

À psicoterapia ficaram reservados poucos espaços, todos com freqüência elevada, porém com seus velhos discursos e poucos resultados.

Lembrei-me, também, de diversos artigos publicados na imprensa leiga, nos últimos anos, todos apresentando a psicoterapia quando não ironicamente, pelo menos como um método de eficácia duvidosa e extremamente onerosa.

Confesso que a primeira vontade foi negar aquilo tudo e simplesmente atribuir ao poder econômico todo esse movimento.

Resolvi, porém, procurar uma solução mais saudável que a simples racionalização e passei a observar melhor os fatos e os acontecimentos.

Passei a observar que minha própria prática e conduta terapêuticas já haviam mudado, sem que eu me desse conta.

Foi outro grande susto!

Já há muitos anos, venho me dedicando à Psicoterapia Breve, sistematizando um processo terapêutico adequado às situações da prática hospitalar e ao momento econômico que vivemos (sempre muito conturbado).

Nesse trabalho, que foi comparado a uma "campanha de guerrilha" por Fonseca Filho, todos os recursos disponíveis são válidos, desde que se atinja o objetivo pretendido, ou seja, o auxílio, a ajuda ao paciente em sofrimento.

O próprio Fonseca Filho, em seu *paper* apresentado no I Simpósio de Psiquiatria Psicodinâmica, realizado pelo Serviço de Psicoterapia do Instituto de Psiquiatria do HC-FMUSP, em São Paulo, em 1996, afirmou:

A psicoterapia, em seu sentido genérico, como prática que se propõe a ajudar pessoas com sofrimentos psicológicos, mesmo que com distúrbios orgânicos (psicoterapia de pacientes com câncer, de coronarianos, ou mesmo de doentes mentais de causa orgânica ou bioquímica), se adaptará às novas ordens científica, cultural e econômica. Entre elas existe a tendência de comprovação científica (matemática) de resultados, mesmo que para isto se empreguem somente os critérios das ciências físicas ou biológicas e não, também, os das ciências humanas, em que as psicoterapias estão igualmente inseridas. Esta é uma pressão que, apesar dos protestos em contrário, implantará na psicoterapia do século XXI uma política de resultados. Outro fator de pressão para "resultados" situa-se na tendência do mundo ocidental, especialmente do Primeiro Mundo, de submeter o atendimento médico aos seguros-saúde. Desta forma, as psicoterapias ficarão atreladas às companhias de seguro, privadas ou públicas, que exigirão psicoterapias breves, resultados objetivos e pouco dispendiosos.

Alexander, que pode ser considerado o precursor desta postura, já afirmara, em 1940, a necessidade de se inserir métodos alheios à própria estrutura teórica da psicanálise, com a finalidade de minimizar a dor de quem nos procura. Antes dele, Ferenczi também pensava assim.

Por que, então, permanecer refratário a essas "novas idéias" que, como podemos observar, não têm nada de novo? Apenas uma nova amplitude está sendo dada ao conhecimento. Da atitude ativa de Ferenczi às massagens e flexibilizações terapêuticas propostas por Alexander, surge, agora, uma enorme possibilidade de ação com os novos psicofármacos. Vera Lemgruber, psicóloga e psiquiatra, coordenando uma mesa-redonda no XIII Congresso Brasileiro de Psiquiatria, realizado em 1994, em Goiás, afirmou que há um grande movimento de psicólogos americanos visando ter maior acesso às informações, ao conhecimento e, mesmo, à prática da utilização de medicação em seus tratamentos. O próprio uso, hoje comum, de medicações "alternativas", como por exemplo os florais de Bach, por um grande número de psicólogos, revela esta tendência. Entre os psiquiatras, apenas aqueles fixados ferrenhamente em posturas teóricas rígidas e ortodoxas, tanto psicodinâmicas quanto "biológicas", se mantêm afastados desta atividade que, segundo Lemgruber, é cada vez mais utilizada na prática clínica.

O que há realmente de novo, neste campo, é que, desde 1952, quando surgiram os primeiros e revolucionários trabalhos sobre a clorpromazina, nestes últimos cinco anos uma quantidade enorme de descobertas tem se apresentado em psicofarmacoterapia.

Os *Inibidores Seletivos da Recaptação da Serotonina* (ISRS) são um exemplo marcantemente espetacular desta nova revolução. E esta marca não é tanto pela ausência ou minoração dos efeitos colaterais destas drogas em relação às suas antecessoras, mas, sim, pela sua amplitude de ação que, extra-oficialmente, escapa das indicações clássicas dos quadros depressivos.

Pois estas drogas mostram, na prática e mesmo em experimentos realizados com animais, que a ação da serotonina não se restringe ao estado de humor, mas atinge instâncias muito mais amplas e complexas, agindo na sensação de segurança, coragem, confiança, autovalorização, calma, jovialidade.

Mais recentemente, ainda, em uma velocidade espantosa, acompanhando as pesquisas bioquímicas que, a cada dia, descobre novos neurotransmissores e neurorreceptores, a indústria farmacêutica apresenta mais uma classe de psicofármacos, os *Antidepressivo Noradrenérgico e Serotonérgico Específico* (NaSSa), procurando aumentar a eficácia terapêutica e reduzir os efeitos colaterais destas medicações.

Isto sem mencionar as moderníssimas opções de neurolépticos, cada vez mais eficientes e com menores efeitos colaterais, além de um melhor conhecimento e controle de sua ação e das possíveis interações e ações indesejáveis.

Os conhecimentos nas áreas da genética e da fisiologia celular apresentam avanços espetaculares, ainda que alguns tenham caráter especulador, mas que demonstram ações e interações, antes inimagináveis, entre medicamentos e citocromos mitocondriais coordenados por atividades gênicas específicas.

Ficamos, no entanto, ilhados nesta plêiade de conhecimentos. Talvez influenciados pelos movimentos ditos alternativos dos anos 60, como a "antipsiquiatria" de Cooper e Laing, assumimos altaneiramente a bandeira cartesiana da dicotomia mente-corpo, mente-cérebro, abandonando a parte biológica que compõe, indiscutivelmente, o indivíduo, a pessoa.

É fato constatado que o comportamento do indivíduo influencia os processos bioquímicos cerebrais e há uma evidência crescente de que processos psicossociais provocam alterações nos mecanismos neuroquímicos dos indivíduos.

Em um estudo de Michael McGuire, um psiquiatra da Califórnia, citado por Peter Kramer, uma equipe de pesquisa avaliou a hierarquia de dominância em bandos de macacos *vervet* cativos.

Os pesquisadores notaram que em cada bando havia um macho com níveis séricos de serotonina notavelmente elevados e cabia a estes machos o papel de liderança. Em continuidade à pesquisa, o macaco líder era afastado temporariamente do grupo e constatava-se que seu nível sérico de serotonina decrescia consideravelmente, assim como aumentava o nível de serotonina de quem assumisse a liderança neste ínterim. Quando retornado ao bando, em pouco tempo os níveis de serotonina voltavam aos padrões iniciais, assim como a hierarquia de dominância se restabelecia.

Em um outro estudo complementar, foi ministrada ao macaco que assumiu a liderança na ausência do líder nato uma medicação (um ISRS) que mantinha elevado o nível de serotonina, mesmo quando do retorno do líder original. Pois não é que o líder original assumiu seu antigo papel de liderança, mostrando que há outras características envolvidas na organização social que não apenas a serotonina!

Embora tenham 90% de estrutura genética coincidente, pessoas não são obviamente macacos, mas este experimento serve de base para compreendermos de forma mais verdadeiramente integrada a definição de ser biopsicossocial do Homem.

O dr. Roger Sperry, cientista americano ganhador do Prêmio Nobel de Fisiologia e Medicina, em 1981, apontou o determinismo bidirecional como a nova maneira de agir contra a antiga contradição mente *versus* cérebro, procurando quebrar o anacrônico paradoxo irreconciliável, à medida que agrega as funções psíquicas como epifenômenos do funcionamento neuronal aos macroprincípios modernos de causalidade mental, exatamente por meio desta visão inegável de interação como a demonstrada no experimento de McGuire.

Tem-se observado, no entanto, na prática, hoje, que aqueles que adotam uma postura eminentemente psicodinâmica na compreensão dos sofrimentos humanos mantêm-se aferrados a seus conceitos e tardam por, de fato, poderem ajudar seus pacientes. Há mesmo quem justifique a manutenção da dor psicológica como um elemento catalisador do processo terapêutico, acreditando na "dor como instrumento de transformação". Não nego que isto seja possível, mas questiono o conteúdo sadomasoquista desta posição.

Por outro lado, vejo naqueles que assumiram uma posição dita biológica, autoproclamando-se "médicos de verdade", adotarem posturas que, de fato, assemelham-se muito ao que se vê ocorrer com a Medicina Clínica de maneira geral. Isto é, um certo grau de desprezo pelo paciente e valorização da *doença* em detrimento do *doente*.

Esse descaso com o paciente é queixa comum de muitos que recorreram à medicina em seus momentos mais aflitivos, principalmente em pacientes ditos "terminais", a tal ponto que levou a OMS a uma recomendação especial de atenção aos médicos em relação a este tema específico, embora ocorra com tanta freqüência que, a meu ver, deveria ser estendido a todo e qualquer paciente. Isto aparece escrito no *Boletim Análise*, do Laboratório Fleury (ano 7, nº 29, pp. 10-2):

> É, segundo a OMS, o cuidado global a todo e qualquer doente que não responde ao tratamento curativo, sendo soberanos o controle da dor e os demais sintomas, assim como o alívio dos problemas psicológicos, sociais e espirituais.

Esta questão, embora ache relevante colocá-la neste capítulo, foge à discussão da questão teórica em pauta para entrar no domínio da pura psicologia médica. Ocorre que não são poucos os médicos, inclusive psiquiatras, que parecem ter horror à simples menção da palavra psicologia!

Há, no entanto, que se fazer marcar a presença desta importante faceta do atendimento médico, pois sua deficiência na formação acadêmica talvez seja a responsável pelas falhas gritantes de atendimento que observamos até mesmo e, inequivocadamente, quando assumimos o papel de pacientes.

Para finalizar este parêntese e dar mais ênfase a este aspecto, cito Botega (v. 3, nº 4, pp. 30-1):

> Ernst Kretschmer (1945), considerado o patriarca da psicologia médica, defendeu-a, em 1922, como disciplina especial e independente. Segundo ele, a Psi-

16

cologia Médica deveria "preencher a lacuna existente na formação médica, ligando a cultura puramente médica e naturalista ao domínio das ciências morais", bem como, "através de uma psicologia nascida da prática médica, atender necessidades práticas do exercício profissional".

Na esfera psiquiátrica, em que a psicologia médica é ou deveria ser exercida com mais proficiência, e neste momento de possível reconciliação exige-se uma visão de síntese entre os campos científicos matemático e histórico. Os conhecimentos filosóficos, tecnológicos, psicológicos e biológicos devem permitir a possibilidade de tratar o ser humano como um todo indissolúvel. Ao tratarmos de pessoas em seus sofrimentos mentais, não podemos incorrer no mesmo erro ético de muitas especialidades médicas que se esquecem do indivíduo para centrar sua atenção em seus órgãos ou patologias; é preciso redimensionar o pensamento para a equação etiológica cuja resultante será sempre a função de diferentes vetores: os constitucionais (genéticos, hereditários), os emocionais (intrapsíquicos e relacionais) e os ambientais (desencadeantes incidentais externos).

No plano gráfico, é como imaginar um poliedro, tendo cada uma destas linhas de conhecimento em seus vértices e a pessoa, como um holograma, alocada no ponto nodal do sistema (o chamado "centróide").

Assim, a verdadeira ação terapêutica, aquela que visa, de fato, encontrar um caminho no sentido de oferecer ajuda a quem a ela recorre, não deve, a meu ver, estar presa a modelos políticos, econômicos ou mercadológicos, nem permitir que desacordos ideológicos intensos e radicalizados nublem a visão da pessoa em sua constituição biopsicossocial, enfim, global. E esta é uma postura biológica, em sua essência, pois aceita integralmente a equação genética de que o fenótipo deriva da interação de agentes genotípicos com os paratípicos.

Embora biológica, esta postura nos obriga a transgredir os pressupostos consagrados da chamada Ciência Moderna que, nestes quatrocentos anos de hegemonia, procurou explicar todos os fenômenos sob o ponto de vista exclusivamente matemático.

Abrindo espaço para uma pequena discussão epistemológica, vale a pena lembrar que, no estudo e na prática das relações humanas, a Ciência Objetiva tende a pecar por falta de metodologia adequada, uma vez que, obedecendo a determinado juízo de valor, nos obriga a conceber o mundo nos termos por ela propostos e a nos fazer pensar aprisionados nas categorias de espaço, tempo, matéria e número — as metáforas centrais da física moderna, segundo Roger Jones.

Ao estudarmos a pessoa em seus múltiplos eixos (mesmo naqueles expressos pelos DSMs) não nos é possível este aprisionamento. O professor de sociologia da Universidade de Coimbra, Boaventura de Souza Santos (1996), faz uma excelente observação neste sentido:

> O rigor científico, porque fundado no rigor matemático, é um rigor que quantifica e que, ao quantificar, desqualifica, um rigor que, ao objetivar os fenômenos, os objectualiza e os degrada, que, ao caracterizar os fenômenos, os caricaturiza. É, em suma e finalmente, uma forma de rigor que, ao afirmar a personalidade do cientista, destrói a personalidade da natureza. Nestes termos, o conhecimento ganha em rigor o que perde em riqueza e a retumbância dos êxitos da intervenção tecnológica esconde os limites da nossa compreensão do mundo e reprime a pergunta pelo valor humano do afã científico assim concebido.

Estamos às portas do século XXI e, ao lado da crescente, esperada e inevitável onda mística que invade o pensamento humano (como a que aconteceu na virada do século passado, ampliada pelas "profecias" desta passagem de milênio), o conhecimento científico também está em ebulição. Os conceitos e pré-conceitos se digladiam em busca de uma conciliação entre si e uma reconciliação com o ser humano. Na insegurança que prepondera na falta de "certezas" absolutas, abre-se o caminho para o exercício árduo de nossa espontaneidade, tal qual definida por Moreno, qual seja, a de encontrar respostas hábeis e adequadas às situações novas que se nos apresentam.

Não há dúvida, entretanto, de que este desenvolvimento sempre crescente, renovador e muitas vezes conflitivo de teorias e métodos produza de imediato uma desorientação. A solução, porém, não é, como disse no início desta explanação, negar os fatos e ignorar as novas produções, refugiando-se em encastelamentos teóricos sedutores e facciosos. O cenário psicoterapêutico recente, ainda que permita divagações teóricas da mais alta qualidade científica e cultural, abre cada vez mais espaços para uma ação incisiva contra o sofrimento humano. Essa heterogeneidade, ainda que se apresente muitas vezes caótica, representa, na verdade, um movimento eclético, crítico em seu desenvolvimento. É, na realidade, uma crise de desenvolvimento bastante positiva, pois deve resultar, se assimilado e incorporado com competência e comprometimento, numa ampliação significativa da prática psicoterapêutica.

Ecletismo é, em si, um ponto de vista que existe por tanto tempo quanto a própria Filosofia. Ainda que tenha sua origem relatada como sendo no século II, na Alexandria, teve seu apogeu no século XIX, e tendo sido bastante denegrido ao longo do tempo, perdeu tanto de seu valor epistemológico que se torna válido definir o termo, tentando esclarecer seu real significado.

A palavra *ecletismo* provém de uma palavra grega cujo significado é *selecionar*. Isto, por si só, ainda que de modo simplista, impede a forma caótica como se pretende entender o ecletismo. A ausência de uma sistematização adequada contribui em muito para isto. Porém, não são poucos os que, hoje em dia, procuram organizar todo este conhecimento a favor das pessoas e não das teorias.

Donald Lunde (in: Burton, A., 1978) apresenta uma síntese deste pensamento:

> Uma formulação mais apropriada [para o ecletismo] seria a de que existe alguma verdade em muitas teorias que foram propostas com seriedade, e que existem muitas questões que permanecem sem solução. Um verdadeiro eclético tenta conservar sua mente aberta a fim de perceber o elemento de verdade em qualquer teoria, antiga ou nova, assim como tenta manter uma dose apropriada de ceticismo quanto às questões não resolvidas.

O terapeuta moderno, o verdadeiro agente de "ajuda", deve estar atento e ciente da variedade técnica, incorporando todo este arsenal em prol de seu paciente, desenvolvendo seu próprio estilo de relacionamento com cada um de seus pacientes, ajudando-o a conscientizar-se das várias microestruturas responsáveis pelo seu comportamento, sentimentos, desejos e reações. Devem aprender juntos a manejar estas diferentes peças de uma estrutura extremamente complexa, que necessitam ser equilibradas em seu benefício.

Há, porém, uma questão bastante importante a ser assinalada que, embora óbvia, chega a passar despercebida por muitos observadores: o fato de que, para se aplicar ainda que fragmentos de uma certa teoria, é fundamental se ter o conhecimento ontológico da teoria como um todo. Não são raras as citações na literatura, que apresentam como inadequada determinada ação terapêutica, de uma certa "corrente psicoterápica", desqualificando-a, quando, na verdade, o que houve foi um emprego grosseiro e mal informado de um procedimento válido. Neste sentido, refiro-me particularmente a uma descrição realizada por Burton, de uma sessão de um "Grupo de Encontro" em que se empregou o psicodrama, não em seu contexto básico de "como se", definido claramente por Moreno, mas, sim, em sua variante de um *role-playing*, com resultados trágicos, pois a condição em que se realizou a cena, obviamente com intenção de se permitir uma catarse, se transformou grosseiramente em um treinamento de papel:

> Janice R., 24 anos, mãe de uma criança de 18 meses, fora envolvida em uma "terapia de encontro". Sentia-se deprimida e foi estimulada a expressar sua raiva e atuar (*act out*) sentimentos de raiva em relação ao seu filho, que era encarado como a fonte de sua presente frustração e depressão. Fizeram-na espancar e estrangular fisicamente um travesseiro, nas sessões de terapia, ao mesmo tempo em que imaginava que estava espancando o filho. Durante o fim de semana seguinte a esta sessão, ela ficou em pânico, sentiu impulsos de atuar (*act out*) sobre seu filho, e ficou apavorada. Chamou o terapeuta, que lhe disse para expor seus temores na sessão seguinte. Na véspera da sessão, ela matou o filho, por estrangulamento e espancamento.

Não cabe aqui, nesta apresentação, discutir qual o erro metodológico ocorrido (de passagem, faltou a segunda parte da catarse que é a integração da parte saudável da relação, além da falta de acolhimento do terapeuta quando do seu pedido de socorro, no final de semana), mas fica claro que o pouco conhecimento do manejo de um recurso terapêutico pode, de fato, levar a resultados catastróficos.

Este exemplo invalida todo um método, toda uma teoria?! Obviamente que não, mas não são poucos os que se apegam a exemplos como este para utilizá-los genericamente como elementos de convicção da falência de toda uma proposta de ação.

A evolução da ciência médica, que ainda chegará a integrar claramente os conceitos de mente e cérebro, aliando a descoberta de novas drogas psicoativas a processos psicoterapêuticos eficazes, permitirá prestar uma ajuda adequada às pessoas em sua busca (muitas vezes desesperada) de si mesmas.

Ao contrário do que é o pensamento comum, quase todos os sicoterapeutas criadores de linhas de pensamento, como Freud, Moreno e até o pessoal de Palo Alto (das teorias de comunicação na gênese da esquizofrenia) como Bateson e colaboradores, deixaram em seus escritos uma porta aberta para o biológico.

Freud, o maior e mais combatido ícone da compreensão psicodinâmica da natureza humana, também não se omitiu a respeito de possíveis fatores puramente biológicos que pudessem estar, de alguma forma, associados aos transtornos psicológicos. Em seu clássico trabalho *Inibições, sintomas e ansiedade*, publicado em 1926, marco fundamental no estudo da metapsicologia freudiana, há, dentre outras, duas citações que merecem ser observadas:

> Entre os fatores que desempenham seu papel na origem das neuroses e que criam as condições sob as quais as forças da mente são lançadas umas contra as outras, surgem três de forma proeminente: um fator biológico, um filogenético e um puramente psicológico.

Em outra parte do mesmo texto, Freud diz:

> A solução ideal, pela qual os médicos ainda anseiam, seria descobrir certo bacilo que pudesse ser isolado e cultivado numa cultura pura e que, quando injetado em alguém, invariavelmente produzisse a mesma doença; ou, expressando-o de forma um tanto menos extravagante, demonstrar a existência de certas substâncias químicas cuja administração provocasse ou curasse neuroses específicas. Mas a probabilidade de uma solução dessa espécie parece pequena.

Passados mais de setenta anos desde a publicação destas palavras de Freud, a probabilidade a que ele se referia pequena (mas não excluída) naquela época é hoje uma realidade cada vez mais flagrante e inquestionável.

Gregory Bateson, Don Jackson e outros pesquisadores da Universidade de Palo Alto, na Califórnia, desenvolveram, na década de 70, uma série de estudos sobre pacientes com esquizofrenia em que se evidenciava o papel fundamental das relações familiares e seus modos de comunicação, notadamente a "Teoria do Duplo-Vínculo", na gênese do processo esquizofrênico. Tais observações são relatadas no clássico livro *Interação familiar*, no qual, embora toda a ênfase seja dada aos aspectos comunicacionais pertinentes às situações familiares, não é raro encontrar-se a afirmação de que o "sucesso esquizofrenizante" dessas patologias da comunicação só encontram eco em pessoas predispostas à doença, isto é, nas quais algum outro fator, talvez genético ou bioquímico, tenha propiciado o terreno fértil para o desenvolvimento da doença.

J. L. Moreno, para citar alguém que me é mais familiar e que tem na espontaneidade o pilar de suas idéias, definindo-a genericamente como a capacidade de um indivíduo para enfrentar adequada e livremente cada nova situação que se lhe apresente, embora ele mesmo se contradiga em muitos pontos de sua teoria do psicodrama, acreditava em um *fator e* responsável por esta aptidão, fator este que conteria em si numerosos elementos inatos e aprendidos. Não poderia

21

ser um dos fatores inatos a capacidade para produzir esta ou aquela catecolamina em quantidades diferentes? A dificuldade no exercício da espontaneidade estaria tão-somente relacionada aos fatores psicossociais? Ou, talvez, a base mesma da espontaneidade não seria possivelmente a quantidade de serotonina que o indivíduo está habilitado a produzir? Verdade que isto é apenas uma grande especulação, mas por que descartá-la *a priori*?

Assim como nas experiências com os macacos *vervet*, a serotonina não é o todo, não é suficiente para explicar os fenômenos, mas não será necessária?

À luz de minha compreensão atual, que reconheço como eclética, acredito que sim!

Acredito mesmo em um potencial biológico, geneticamente herdado, semelhante à produção de melanina na determinação da cor da pele, uma herança poligênica multifatorial, que permite diferentes gradações de uma mesma característica. Até mesmo casos extremos, como a depressão endógena ou a esquizofrenia, se enquadrariam neste esquema, assemelhando-se ao "albinismo".

Seria, então, repito, este potencial biológico *necessário, mas não suficiente* para determinar o modo de ser de cada indivíduo.

Um pequeno exemplo ilustrativo desta integração ocorreu com um paciente meu, sem um diagnóstico psiquiátrico definido (de acordo com os critérios do DSM-IV ou do CID-10), "encalacrado" em uma situação vivencial difícil, de término de um casamento e início de outro relacionamento. Tamanha se tornou sua aflição, sua hesitação perante atitudes aparentemente intransponíveis em sua vida pessoal, que não tardaram a surgir comprometimentos constrangedores em sua performance profissional. Após algum tempo, avaliando, descobrindo, redimensionando traços dinâmicos de sua história, o processo todo se tornava compreensível, porém a ação ainda impossível. Resolvi introduzir uma medicação, um ISRS e, surpreendentemente, em pouco mais de 15 dias, aquele ponto de "derrapagem", aquela hesitação inexplicável se desfez e um progresso notável se sucedeu.

Após a suspensão da medicação, que mantive por cerca de três meses, mostrou a possibilidade de, passado aquele ponto crítico, ocorrer um grande desenvolvimento pessoal.

Por outro lado, uma paciente, com características de um transtorno leve de personalidade, do tipo histérico-depressivo, que optou por apenas tomar a mesma medicação, mas sem acompanhamento psicoterapêutico, procurou-me algum tempo depois devido aos movimentos não direcionados que tomara em sua vida, gerando uma série de novas dificuldades.

Mesmo em pacientes com transtornos graves de personalidade, do tipo *borderline*, como os definidos por Kemberg, torna-se impossível qualquer abordagem psicoterapêutica, sem uma adequada normalização do humor, o que só pode ser conseguido com o uso de medicações com efeito eutímico.

São apenas sucintos exemplos de uma quantidade numerosa de pessoas que pude socorrer tanto em ambiente hospitalar quanto na clínica particular, mas que demonstram a importância da utilização de metodologia adequada para cada caso.

As drogas legítimas, assim como as "drogas de rua", não podem ser usadas com abuso ou indiscriminação, particularmente em casos como estes que acabei de descrever, em que não há um diagnóstico formal de alguma patologia psiquiátrica maior, pois seus efeitos se aproximam.

Há questões éticas envolvendo o uso de medicação com funções, digamos, cosméticas, mas as opiniões divergem tanto que não há espaço neste contexto para discutirmos o tema. Vale apenas levantar a questão de como pode a ideologia interferir no conhecimento e sua aplicação, lembrando exemplos tornados públicos pela antipropaganda comunista, da utilização, na extinta URSS, de critérios de classificação de doença mental para discordâncias ideológicas.

Por fim, vale a pena voltar ao princípio biológico que reza ser o *fenótipo* o resultado da interação do *genótipo* com o *meio ambiente*. Um ou outro predomina em uma ou outra situação, mas sempre estão presentes os dois. Por que nos processos psicológicos seria diferente?

Na teorização de minha prática psicoterápica, vejo a *farmacoterapia* (agindo no biológico) e a *psicodinâmica* (agindo no psicológico) exatamente como duas retas paralelas: não se encontram no mesmo momento, porém caminham na mesma direção e sentido e há um ponto, no infinito, em que se cruzam. Enquanto vasculho a alma da pessoa em suas dinâmicas e defesas, procuro dar o suporte basal à sua estrutura caracterológica ou de temperamento, por meio da ação de medicamentos de uso controlado e temporário que não só facilitam o desenvolvimento do processo, como permitem alcançar mais rápida e eficazmente os pontos de equilíbrio necessários.

Questiono a postura de que se deva manter o paciente sob angústia ou ansiedade para precipitar a resolução de um conflito. Isto pode ser válido, em um primeiro momento, para a localização ou para o diagnóstico do foco conflitivo; mas deixar permanecer estes sentimentos sintomáticos me soa como o dentista que não dá anestesia apenas para se localizar em que pontos está tocando, já sabendo em que pontos deve tocar. Como já me manifestei anteriormente, isto me parece puro sadismo!

Há, no entanto, que manter bem clara está distinção, pois é mais fácil "medicar" e se livrar da dificuldade em lidar com a angústia do que caminhar empaticamente ao lado do paciente em seu sofrimento.

Isto implica que o uso da medicação não pode ser aleatório e indiscriminado, obviamente. É preciso estar atento para as reais indicações e contra-indicações, não apenas no sentido farmacodinâmico, mas, também, psicodinâmico. O passo anterior a este discernimento está, a meu ver, no correto diagnóstico da situação que se apresenta.

Diagnóstico este que não seja uma simples "rotulação", mas efetivamente uma compreensão global da pessoa em seus múltiplos aspectos, desde o psicopatológico e sindrômico até o psicodinâmico e sociodinâmico.

Como no clássico "modelo médico", o tratamento só se impõe após o diagnóstico preciso do mal que acomete o paciente, avaliando todos os efeitos positivos e negativos da terapêutica em cada caso particular.

Como *psicoterapeuta*, vejo na resolução dos conflitos a saída para a saúde; como *médico*, não posso deixar de considerar os processos anatômicos e fisiológicos envolvidos nesta problemática, seja como causa, efeito ou coadjuvante da plasticidade sintomática; como *pessoa*, vejo o ser humano muito além de mecanismos psicológicos ou biológicos, englobando-os e transcendendo-os, tornando o todo muito maior que a mais pura soma de cada parte e de seus subconjuntos.

Talvez nem mesmo o biopsicossocial consiga explicar esta complexidade vivencial, inédita em cada experiência individual.

Genes, neurotransmissores, mecanismos de defesa, espontaneidade, pensamentos, sensações, percepções e emoções...

Algo que parece muito além das simples palavras!

Quero encerrar este capítulo fazendo apenas uma citação de Peter Kramer (1994) que, acredito, sintetiza meu pensamento sobre isto tudo:

Talvez seja melhor imaginar que estejamos numa fase de transição. Nossa angústia e melancolia flutuantes parecem-se cada vez menos com sinais de nosso dilema existencial. Mas nada do que possamos aprender sobre nossa neurofisiologia ou nossa natureza animal negará a possibilidade de transcendência do homem. Continuamos naufragados, talvez mais perdidos do que nunca, precisamente porque somos menos capazes de sentir nosso afeto como um guia para nosso estado moral. Apesar de nossa noção de suas limitações, podemos nos voltar mais do que nunca para a psicoterapia, a introspecção ou a espiritualidade.

Referências bibliográficas

Análise: Informação e Atualização Científica: Dignidade até o fim. São Paulo, Laboratório Fleury, ano 7, nº 29, pp. 10-12.

BATESON, G. *et. al.* (1971). *Interacción familiar.* Buenos Aires, Editorial Tiempo Contemporaneo.

BOTEGA, N. J. "Hipócrates doente: Os dramas da psicologia médica". In: *Monitor Psiquiátrico*, vol. 3, nº 4, pp. 30-31.

FERREIRA-SANTOS, E. (1997). *Psicoterapia Breve: abordagem sistematizada de situações de crise.* 2ª ed., São Paulo, Ágora.

FONSECA FILHO, J. S. (1996). "Tendências da psicoterapia para o terceiro milênio". *Paper* apresentado no I Simpósio de Psiquiatria Psicodinâmica. Inédito, São Paulo.

FREUD, S. (1976). "Inibições, sintomas e ansiedade". In: Edição standard brasileira das *Obras Psicológicas Completas.* Rio de Janeiro, Imago.

KRAMER, P. (1994). *Ouvindo o Prozac.* Rio de Janeiro, Record.

LEMGRUBER, V. (1997). *Psicoterapia Breve integrada.* Porto Alegre, Artes Médicas.

LUNDE, D. T. (1978). "Teoria eclética e integrada". In: BURTON, A. *Teorias operacionais da personalidade.* Rio de Janeiro, Imago.

SANTOS, B. S. (1996). *Um discurso sobre as ciências.* 8ª ed., Porto, Afrontamento.

2

Psicoterapia de grupo em instituições psiquiátricas

Geraldo Massaro

Trabalho em três instituições psiquiátricas que oferecem ao público a possibilidade de realizar processo psicoterápico gratuito. Em todas elas a procura é muito maior do que as vagas oferecidas. Isto se deve, em parte, à popularização de tal tipo de processo perante a opinião pública. Novelas de televisão, cinema, entrevistas com pessoas importantes da cultura; tudo isso tem auxiliado na divulgação das psicoterapias.

Num mundo em que a quantidade de informações é bastante grande, mas o acesso aos bens materiais nem sempre o é, poder realizar o mesmo processo que o personagem da novela ou do filme permite uma identificação questionável, mas que insere o indivíduo na concretude da cultura.

É claro que existe o risco de um modismo, bem como o risco de acreditar-se que a psicoterapia possa resolver dificuldades sociais para as quais ela realmente não está preparada. Por outro lado, o acesso a essas práticas permite às pessoas não apenas um crescimento pessoal, mas um redimensionamento da própria existência, o que inclui o desaparecimento de sintomas. É de se esperar, com isso, que a qualidade de vida das pessoas e da cultura possa melhorar.

Portanto, sem deixar de perceber os riscos de exageros, vejo como muito positivo esse atual incremento da busca, pela população, de processos psicoterápicos nas instituições públicas.

Daí decorre um problema. O que fazer se a busca ultrapassa, e muito, as possibilidades oferecidas? Se não tomamos cuidado, as filas de espera tornam-se enormes, trazendo consigo o aumento das angústias dos que esperam.

É necessário que as instituições repensem quanto a esses aspectos, o que tem sido feito. É necessário que se busquem saídas técnicas. No âmbito das psicoterapias, duas saídas se destacam: as psicoterapias breves e as psicoterapias de grupo.

A psicoterapia breve, discutida em outros capítulos deste livro, reduz o tempo de permanência das pessoas no processo à medida que busca trabalhar focos específicos de conflito.

A psicoterapia de grupo permite que um maior número de pessoas possa ser atendido numa mesma unidade de tempo, quando comparado aos processos individuais. É uma excelente resposta ao problema da alta demanda.

É essa a saída que procurarei discutir aqui.

Procurarei evitar a discussão de aspectos teóricos mais profundos, pois a proposta deste livro é descrever experiências pessoais de quase vinte anos desse tipo de trabalho. Espera-se que isso crie parâmetros para que outras pessoas possam repetir tais experiências e incrementar ainda mais a utilização de técnicas psicoterápicas grupais. A descrição de um profissional de como trabalha certas questões, independentemente das concordâncias ou discordâncias do leitor, permite ao outro profissional buscar suas próprias determinações e delinear com maior clareza seu próprio trabalho.

Parâmetros principais

Nas três instituições em que trabalho atuo como supervisor. Numa delas, a do Instituto de Psiquiatria do Hospital das Clínicas da Faculdade de Medicina da USP, exerço também o papel de psicoterapeuta de grupos, atualmente com dois grupos. Esse número já foi maior. Todo terapeuta tem certos parâmetros que o norteiam. Acho importante colocá-los aqui, antes da descrição dos grupos, para que o leitor possa tê-los em mente quando da descrição dos trabalhos.

Um grupo pode ser conceituado como um número de pessoas com identidades e objetivos comuns que persistam juntas durante algum tempo. Os sociólogos têm demonstrado a extrema importância, numa cultura saudável, de que cada pessoa possa pertencer a pequenos grupos. A identificação, a cumplicidade obtida e mesmo a intimidade podem fazer com que o indivíduo sinta-se mais vinculado ao social.

Acredito, seguindo Bion, que quando um grupo de pessoas se reúne para determinada tarefa, surja um movimento de cooperação, que é consciente e voluntário. Mas surge também um movimento inconsciente e involuntário, ligado a fantasias e desejos, que conduz o grupo. Essas dinâmicas, chamadas por Bion de supostos básicos, são em número de três, cada uma com seus protagonistas e fantasias. Não cabe aqui discuti-las, mas notar que o grupo irá funcionar como se tivesse uma única mente. Logo, a psicoterapia de grupo não é apenas a psicoterapia de cada pessoa dentro do grupo, mas a do grupo como um todo, do qual as pessoas fazem parte. É evidente que cada pessoa estará inserida num momento dinâmico e, provavelmente, o protagonizará. Mas considero importante, para o aprofundamento do trabalho psicoterápico grupal, a postura de tomar o grupo em sua dinâmica, e não apenas como somatória das dinâmicas individuais.

A minha forma pessoal de trabalhar como psicoterapeuta de grupos é a descrita acima, de leituras dinâmicas. Mas o instrumental técnico predominante é o psicodramático. Assim, procuro buscar saídas psicodramáticas para os diferentes momentos dinâmicos grupais. Não cabe aqui descrevê-las, pois seria muito extenso. O importante, entretanto, é realçar que as atitudes são tomadas em função da compreensão de uma dinâmica grupal. O desenvolvimento dos diferentes tipos de jogos e de cenas dramáticas segue essa compreensão.

Daí se deduz que a utilização de técnicas psicodramáticas não é feita ao acaso, apenas para motivar emoções diretas. A invariante principal do psicodrama é a dramatização, a cena. Para muitas pessoas, a dramatização é tomada como uma maneira de trazer emoções, de provocar choros e catarses. A dramatização é muito mais do que isso, é a oportunidade de trazer à tona fantasias e desejos inconscientes, possibilitando ao indivíduo uma transformação de sua subjetividade. Segundo Merleau-Ponty, citado por Naffah, a dramatização ocorre na ordem do Mito, num ponto intermediário entre a fantasia e a realidade, permitindo uma quebra de campo entre essas duas dimensões.

Isso faz com que a psicoterapia de grupos possa atingir níveis bastante profundos. Muitos teóricos, talvez desacostumados ao trabalho grupal, tendem a considerar a psicoterapia grupal como uma forma mais superficial de tratamento. Isto não é verdade. É claro que tudo depende da indicação, que pode mudar para diferentes pessoas. Além disso, em certas situações específicas, uma pessoa em psicoterapia grupal pode realizar sessão individual. Portanto, essa possibilidade não está afastada. É assim que temos trabalhado não só no Hospital das Clínicas, mas também, como supervisor, em outras instituições. Não cabe aqui uma discussão teórica a respeito, mas tal postura tem se mostrado útil em minha prática.

Outro aspecto importante de meu trabalho é a relação que estabeleço com cada paciente. Não há como negar transferências e supostas contratransferências, mas não trabalho sobre esse arsenal teórico. O trabalho é realizado levando-se em conta o conceito de tele, de Moreno. Assim, o que se busca é o desenvolvimento de uma percepção mútua, mesmo que, eventualmente, com cargas afetivas difíceis. O vínculo baseado na percepção e no afeto, ainda mais numa instituição, costuma possibilitar uma ligação maior das pessoas ao grupo e, em tese, diminuir o abandono. Isto não significa que interpretações sobre aspectos psíquicos ligados às defesas persecutórias e depressivas, ou mesmo a sentimentos considerados difíceis, como ciúmes, raiva e inveja, não sejam realizadas. Não só acontecem, como muitas vezes podem vir à tona com a própria dramatização. Não se nega a transferência, apenas não se trabalha sobre ela, a não ser quando isso for inevitável.

A terapia de grupo na instituição psiquiátrica

Para discutirmos alguns aspectos desta questão, farei um contraponto com a psicoterapia de grupo em consultório particular.

O vínculo inicial da pessoa que procura terapia no hospital é com a instituição. O terapeuta não é escolhido, é oferecido. Mesmo que se realize uma terapia individual antes da inserção ao grupo, o vínculo sempre será diferente daquele do consultório particular, no qual não só o terapeuta é escolhido, pois, em geral, a pessoa só entra no grupo meses após o início do processo, quando a relação já está bem estabelecida e a dinâmica da pessoa clareada. Na instituição, dada a alta demanda, isto se tornaria impraticável.

O ambiente hospitalar, por melhor que seja, sempre será diferente do de um consultório particular. A intermediação de outros profissionais administrativos, a burocracia dos cartões identificatórios, as interrupções abruptas de sessões por outros pacientes procurando salas ou mesmo por funcionários nem sempre disciplinados, os eventuais gritos de pacientes psicóticos nas enfermarias; tudo isso e outros fatos congêneres tornam o ambiente menos propício para a prática psicoterápica.

As pessoas que realizam seus processos psicoterápicos nesse âmbito costumam ser oriundas de uma classe social mais baixa na escala econômica. As idealizações do papel do médico costumam ser maiores. A presença do profissional, muitas vezes de avental branco ou com vestimentas mais diferenciadas, costumam aumentar tais idealizações. O risco disso é não apenas dificultar o vínculo ou aumentar os processos transferenciais, mas causar uma separação maior na díade saúde/doença. Além disso, por não terem oportunidade de estudar, as pessoas costumam ter uma menor noção do que é um processo psicoterápico.

Tudo isso os influencia nos acontecimentos dinâmicos dentro da sala. Tornam-se, em geral, mais dependentes e durante um tempo maior. São mais sensíveis às mudanças de horários, de salas e outros fatores. Os aspectos de erotização grupal e as expressões de agressividade, de raiva, de inveja e de ciúmes costumam demorar mais para surgir.

A reunião dos itens anteriores faz com que os aspectos persecutórios do paciente possam aumentar. A isso se somam as regras rígidas de várias instituições, como limite de faltas, trocas de cartões, impedimentos de entrada quando esquecem o cartão de identificação, e muitos outros, talvez necessários do ponto de vista burocrático, mas persecutórios do ponto de vista dinâmico.

Por outro lado, o terapeuta não se encontra também num ambiente totalmente relaxado como o do seu consultório, onde faz as próprias regras. As eternas disputas políticas e ideológicas estão presentes em todas as instituições. Ele vai enfrentar, ainda, por parte de alguns colegas não psicoterapeutas, uma razoável descrença sobre o poder real da psicoterapia, principalmente as de grupo. Mesmo levando-se em conta que os pacientes do hospital costumam ter quadros clínicos mais difíceis, o corpo administrativo costuma ter maiores expectativas de atendimento e de resolução. Dependendo das características do terapeuta e do seu treinamento, esse clima persecutório poderá influenciar no conteúdo de seu trabalho. Talvez por esse motivo, ou por outros, as sessões costumam ser mais curtas do que no consultório particular.

Tenho tomado algumas atitudes em meu trabalho com os grupos para tentar diminuir a influência de tais aspectos. Nesse sentido, quando possível, participo da triagem. Realizo uma sessão prévia para inserir um novo paciente no grupo. Ofereço, quando possível, sessão individual. Procuro aumentar o esclarecimento sobre o processo psicoterápico, algumas vezes incluindo os funcionários. Tento trabalhar com rapidez as situações que geram maior abandono, elaborando-as junto com o paciente. Procuro reconhecer aspectos sociais de algumas ações das pessoas, não tomando toda ação como uma dinâmica inconsciente. Sem negar as diferenças sociais, procuro desmistificá-las e proponho uma relação o menos idealizada possível e baseada no humano. Acredito que o poder de transformação do terapeuta se concentra, principalmente, na saúde do vínculo que propõe.

Tipos institucionais de grupos psicoterápicos

Tenho trabalhado com quatro tipos de psicoterapia grupal em instituições psiquiátricas. Passo a descrevê-los em suas especificidades.

a) Grupos de aquecimento ou de espera

O serviço de psicoterapia do Instituto de Psiquiatria do HC-FMUSP tem recebido muitos pacientes, que são encaminhados para triagem. Alguns vêm espontaneamente, mas a maioria é encaminhada pelo ambulatório.

Os critérios de seleção para psicoterapia grupal em geral são: possibilidade de o paciente fazer vínculos, suportar triangulações relacionais, reconhecer e suportar conteúdos emocionais internos.

Algumas vezes, como resultado dessas triagens, cresce o número de pessoas na fila de espera, o que, para muitas pessoas, é angustiante. E nós, profissionais do serviço, sabemos que, às vezes, essa espera pode levar meses.

O que fazer com tais pessoas? Uma idéia é reuni-las num grupo de aquecimento. Convocam-se as pessoas e explica-se a proposta: ainda não é a tão esperada psicoterapia. Mas um trabalho inicial pode ser feito enquanto esperam o processo. As sessões, semanais, serão abertas a todas as pessoas da fila. Não haverá regras de freqüência. Cada um pode faltar ou não, de acordo com sua própria decisão. Não haverá número de sessões previamente estipulado. Se alguém for chamado para ingressar num grupo de psicoterapia ou num processo individual, poderá, eventualmente, manter-se também no de aquecimento.

Alguns colegas que fizeram grupos de aquecimento optam, às vezes, por iniciá-lo com vivências de dramatizações. São verdadeiros grupos abertos, organizados pelas vivências. Embora goste muito dessa idéia, não é assim que tenho encaminhado meus grupos de aquecimento.

Após explicar qual é a proposta, peço para que as pessoas escolham temas que gostariam de ver trabalhados. Em geral acabam delineando aspectos relacionados às suas presenças no serviço. Assim, surge a escolha de situações emocionais difíceis, de conflitos internos ou mesmo relacionais.

Alguns exemplos: O que faço com a minha angústia? A minha depressão tem cura? Por que sofro tanto? O que faço com meus medos? Por que carrego tanta culpa? A minha doença... etc. Eu procuro apenas organizar os temas.

Nas sessões seguintes procuro confirmar os temas e, depois, passo a trabalhá-los. Ansiedade, medo, tristeza e depressão costumam ser os iniciais. Cada tema pode durar uma ou mais sessões.

Evitam-se as discussões estéreis, intelectualizadas, as polêmicas e os confrontos meramente teóricos. Ao contrário, buscam-se depoimentos. As pessoas são estimuladas a falar de suas vivências emocionais e a descrever os fatos que geraram tais vivências. No final de cada sessão procuramos ao máximo o compartilhar das pessoas, além de também apontarmos as diferenças com que elas reagem perante as situações da vida.

Apesar de a proposta ser simples e até certo ponto superficial, não ocorrendo um trabalho mais aprofundado da dinâmica pessoal ou grupal, os resultados às vezes surpreendem, pois elas redimensionam atitudes.

Alguns meses depois do início, o número de pessoas costuma estar bem menor. Algumas saíram por terem iniciado processo individual ou grupal; outras saíram, talvez, por desmotivação, e outros porque a ansiedade já está diminuída.

Nessa fase já estamos trabalhando mais profundamente com jogos dramáticos grupais. Os vínculos são mais fortes com o terapeuta e intragrupo. Dinâmicas pessoais e grupais já se fazem sentir com todo o peso. O próprio grupo começa a criar regras de freqüência e a desenvolver outras necessidades. Já está nucleado. Já é um grupo comum de psicoterapia grupal e, como tal, pode permanecer. Poder-se-ia perguntar: E por que não iniciou como grupo de terapia? Porque nesse tempo pudemos aquecer um número maior de pessoas, encaminhá-las a outros processos e participar da transformação de aspectos importantes de suas vidas e até mesmo de seus sintomas. Quando encaminhadas para outros processos, já vão aquecidas e as dinâmicas psíquicas podem ser discutidas de antemão com os outros profissionais, principalmente se iniciantes na prática psicoterápica.

b) Grupos comuns de psicoterapia

Aqui se incluem os grupos comuns, sem nenhuma especificidade. Já apontei, no início do texto, as variáveis principais com que trabalho. Tais grupos se assemelham aos de consultório, embora com um número maior de pessoas. Esse fator, somado ao fato de as sessões serem um pouco mais curtas, de haver mais faltas, de ocorrer uma reciclagem maior de pessoas, de o terapeuta não ser escolhido e o entendimento do que é o processo ser menor, tudo isso muda a estrutura do processo. Ele se torna um pouco mais verbal e as dramatizações são menos freqüentes. Ainda assim, é possível trabalhar com clareza a dinâmica grupal bem como as dinâmicas individuais. Apesar de o número dos que abandonam ser maior do que os dos grupos de consultório, muitas pessoas aproveitam bastante.

É possível conseguir revelações importantes do jogo relacional das pessoas, de seus sentimentos e de suas emoções internas. Conflitos internos ou externos podem vir à tona; defesas psíquicas podem ser redimensionadas; e, conseqüentemente, os sintomas podem desaparecer.

É muito importante que se perceba que fazer psicoterapia de grupo numa instituição não é apenas reunir pessoas e fazer com que elas se emocionem. Por mais que o aprofundamento, pelos motivos acima expostos, seja menor, muita coisa pode ser conseguida. Colegas do serviço, anos atrás, tiveram experiências com grupos de orientação psicanalítica ortodoxa e as descreveram em trabalhos que constam nas referências.

c) Grupos de pacientes psicóticos

Fazer ciência é também narrar insucessos. Talvez por incapacidade pessoal, talvez pelos limites dos pacientes, minha experiência com grupos de pessoas psicóticas não foi muito boa.
Minha tese de doutoramento foi sobre psicoterapia de psicóticos. Acredito bastante nesse tipo de trabalho. Não cabe aqui resumir a minha proposta de psicoterapia de psicóticos, mas para quem estiver interessado, na bibliografia deste texto encontra-se o livro que resume a tese.

Além do interesse pelo assunto, os resultados obtidos com os três grupos de psicóticos que dirigi no serviço de Psicoterapia foram desanimadores. As pessoas, em sua maior parte com o diagnóstico de esquizofrenia, tendiam a manter-se isoladas, provavelmente uma defesa contra a tendência de "simbiotizar". Assim, na maioria das vezes, não lucravam muito com a descrição das vivências dos colegas.

O número de faltas era muito grande, e quando os grupos eram menores as sessões ficavam limitadas. O vínculo era mais direto com o terapeuta. Tudo funcionava como se fosse terapia de cada um na presença de outros.

Num dos grupos o resultado foi melhor. Eram quatro pessoas, duas com diagnóstico de delírio sensitivo paranóide e duas com diagnóstico de esquizofrenia. O grupo durou quase dois anos e as faltas foram raras. Conseguiram vincular-se entre si, chegando mesmo a encontrar-se fora do contexto psicoterápico. Faziam depoimentos sinceros sobre suas dificuldades, trocando idéias sobre como resolvê-las. Falavam da sexualidade, da ausência paterna e do jogo simbiótico que possuíam com a mãe.

Quando o grupo terminou, dois deles foram para outro grupo de terapia. Os outros dois se dispersaram. Avaliando a seqüência dessas pessoas e de suas doenças, acho que apenas uma delas tirou proveito mais concreto nos dois anos em que o processo se desenvolveu; ela escreve cartas para mim regularmente contando os progressos que tem realizado em sua vida e o número razoável de dificuldades que conseguiu superar.

d) Grupos comuns contendo psicóticos

Embora nunca tenha utilizado nenhum critério estatístico para afirmar, considero essa opção muito melhor para se trabalhar com pessoas psicóticas em grupo. Em consultório mantenho a pessoa psicótica alguns anos em individual e só posteriormente a coloco num grupo, em geral num grupo bastante nucleado. Como em quase todo grupo que dirijo no consultório existem psicodramatistas em formação, portanto, terapeutas profissionais, conto com um auxílio extra. A descrição mais pormenorizada desse tipo de trabalho encontra-se no livro já mencionado e que consta das referências.

No hospital, não há como se dar ao luxo, pela alta demanda, de acompanhar o processo da pessoa psicótica durante anos. Ela é colocada diretamente no grupo. Os grupos são razoavelmente nucleados, pois as pessoas encontram-se em processo há muitos anos. É claro que as questões sobre o assunto, tais como regressão na dinâmica grupal e no conteúdo trazido são verdadeiras. Mas não é difícil contornar tais aspectos.

Atualmente, tenho apenas um grupo nessa estrutura, no Serviço de Psicoterapia, embora supervisione dois. Das oito pessoas que compõem o grupo, três tiveram, no ambulatório do Instituto, o diagnóstico de esquizofrenia. Outra o diagnóstico de psicose psicogênica. Três dessas quatro pessoas têm lucrado muito com o trabalho, sendo que duas destas freqüentam o grupo há muitos anos.

São aceitos pelos colegas, que não percebem ou não se preocupam com a diferença diagnóstica. Conversam sobre suas doenças e o que julgam ser as causas, inclusive as possibilidades genéticas. Apontam as ausências paternas e a mistura psíquica com a mãe. Buscam saídas para a sexualidade, num dos casos, homossexualidade. Trabalham, às vezes, com dramatizações, conflitos internos e externos. Percebem bem os próprios desejos e passam a aceitar as diferenças estruturais na própria subjetividade. Dois deles, atualmente, conseguem trabalhar fora, e um mantém vínculo amoroso. Embora busquem menos o ambulatório, a regularidade do tratamento medicamentoso é maior.

O outro esquizofrênico, que se encontra no grupo há dois anos, pouco tem lucrado, pelo menos a meu ver. Trata-se de uma pessoa com doença quase crônica e com comportamento mais estereotipado. Apesar disso, ele se mantém no grupo, quase não falta e sua mãe tem relatado ao psiquiatra do ambulatório que ele está bem melhor.

A questão do abandono

O abandono do processo psicoterápico, no caso das pessoas que fazem terapia em instituições psiquiátricas, costuma ser bem maior quando comparado ao do consultório particular. Isso torna a questão prioritária para ser pensada, já que há um investimento da instituição e do profissional naquela pessoa.

É claro que tanto o abandono quanto a permanência não significam, necessariamente, sucesso ou insucesso psicoterápico. Mas é óbvio que o abandono, na maioria das vezes, é ruim. Isto é ainda mais claro em grupo, porque altera toda a dinâmica grupal.

Não tenho nenhuma estatística pessoal sobre abandonos. Meus colegas do Serviço, trabalhando com grupos de orientação psicanalítica há vinte anos, fizeram um trabalho estatístico sobre a questão. Segundo eles, o abandono era maior nas primeiras dez ou vinte sessões. Predominava nos mais jovens, e era menor entre os que se encontravam entre os trinta e quarenta anos de idade. As mulheres abandonavam menos do que os homens, e os solteiros mais do que os casados. Embora a maior parte do abandono tivesse razões externas, no que tange ao Serviço os aspectos contratransferenciais e as falhas de indicação na triagem tinham também alguma importância. Apesar de já terem transcorrido vinte anos, acredito que os dados permanecem semelhantes.

Para finalizar, considero importante destacar que tenho utilizado ainda trabalhos grupais para o treinamento de residentes. Assim, são simuladas sessões de psicoterapia, com pacientes fictícios, em que procuramos apontar as saídas técnicas para as diferentes situações que surgem espontaneamente. Isso permite a todos não só uma visualização de uma sessão, como também a discussão de aspectos técnicos.

Referências bibliográficas

AMARO, J. W. F. (1972). "Contribuições para o estudo dos abandonos em psicoterapia de grupo". São Paulo (Tese de Doutoramento — FMUSP).

AMARO, J. W. F., SILVA, L. M. e MEZHER, A. (1970). "A psicoterapia de grupo em ambiente hospitalar". *Bol. Cl. Psiq. FMUSP* — v. IX (1).

BION, W. R. (1987). *Estudos psicanalíticos revisados.* Rio de Janeiro, Imago.

MASSARO, G. (1994). *Loucura: uma proposta de ação.* São Paulo, Ágora.

MORENO, J. L. (1994). *Psicodrama.* São Paulo, Cultrix.

NAFFAH, A. (1979). *Psicodrama: descolonizando o imaginário.* São Paulo, Brasiliense.

3

Indicação de psicoterapias em instituição

Patrícia de Campos Lindenberg Schoueri

Aspectos institucionais

Ao considerarmos o atendimento psicoterápico institucional, temos pelo menos três variáveis a considerar: a própria instituição, a população de pacientes que a procura e os terapeutas que aí trabalham. Cada uma delas, na verdade, se constitui num "universo", já que representa um conjunto de demandas e recursos variáveis.

A instituição em que estamos inseridos, o Instituto de Psiquiatria do Hospital das Clínicas da Faculdade de Medicina da Universidade de São Paulo (IPq-HC-FMUSP), apresenta características que são inerentes a todas as instituições, assim como aquelas que lhe são peculiares.

Como em todas as instituições, há um descompasso entre a demanda por tratamento e o que efetivamente pode ser oferecido. Desta forma, aparecem as longas filas de espera, tão freqüentes em qualquer instituição que ofereça psicoterapia gratuitamente. Na verdade, os recursos, tanto financeiros como humanos, de que a instituição dispõe, estão longe de poder suprir toda a necessidade que a demanda por tratamento importa. Assim, a questão custo-benefício do tratamento, em suas diversas vertentes, desde a econômica até a que se refere à economia psíquica de cada paciente, está em jogo quando consideramos qualquer forma de tratamento psicoterápico oferecido na instituição.

Outra característica de nossa instituição é que ela é um hospital-escola, o que implica que ela centraliza suas atividades em três grandes áreas: ensino, atendimento e pesquisa.

Por ser uma entidade de ensino, a maior parte dos atendimentos é realizada por médicos residentes em psiquiatria de primeiro, segundo ou terceiro anos. Esses médicos, além de terem de seguir uma seqüência preestabelecida de estágios durante estes anos, ao término do período de residência estarão desvinculados da instituição, salvo aqueles que desejarem e conseguirem permanecer. Isto cria uma condição específica, que é a de os médicos que atendem os pacientes terem uma permanência máxima de três anos na instituição, o que determina que os processos psicoterápicos nos quais eles possam se envolver terão este limite máximo de duração. Esse período geralmente é menor porque os residentes começam a atender os pacientes sob supervisão em algum momento do primeiro ano, na dependência da avaliação que o supervisor faça da viabilidade de realização do trabalho; além disso, nem todos fazem um terceiro ano de residência, o que diminui ainda mais o tempo de permanência desses profissionais com seus pacientes.

Esta situação pode criar uma outra, comum em qualquer atendimento de hospital-escola, que é a troca de terapeuta sem que haja uma clara definição de término do processo, o que estaria, no mínimo, espelhando um limite da instituição. Para não se haverem com este limite institucional, muitas vezes pacientes e terapeutas são "poupados" desse "desconforto" com a passagem direta de pacientes a colegas com a alegação de que se trata de um "caso interessante". Fica, então, abortada a possibilidade de se trabalhar com os limites, a frustração, a separação, a raiva e a tristeza, entre outros temas da maior importância em qualquer processo psicoterápico. Esta é uma característica essencial de instituições como a nossa, devendo ser levada em conta ao se indicar qualquer forma de psicoterapia e ao conduzi-la.

Também a população que nos procura tem características próprias, que necessitam ser verificadas para que se possa orientar os recursos disponíveis em sua direção. Nossa população é constituída por pacientes encaminhados do ambulatório de psiquiatria clínica, por pacientes que estão ou estiveram internados nas enfermarias e por aqueles que procuram espontaneamente o serviço de psicoterapia. Desta forma, podemos perceber que a nossa população, de alguma forma, é muito específica e diferenciada daquela que procura os consultórios particulares de psicoterapeutas. Temos um grande contingente de pacientes com diagnóstico e/ou em tratamento psiquiátrico e de pacientes que, muitas vezes, possuidores de recursos financeiros mais do que suficientes para serem tratados em consultórios particulares, procuram o tratamento numa instituição pública como o IPq por depositarem nela um grau de confiança que equivale ao seu grau de onipotência/impotência.

Outra característica dos atendimentos institucionais é o desencontro entre as expectativas dos pacientes e a dos terapeutas. Isto se deve basicamente ao fato de, por estarmos inseridos em uma instituição médica, nossos pacientes muitas vezes acreditarem que temos algum tipo de remédio que, magicamente, lhes tire o sofrimento e não que o que temos a lhes oferecer é uma possibilidade de melhora do sofrimento sim, mas a partir da construção conjunta de uma condição de melhor poder se relacionar com o mundo, nos seus aspectos de prazer e de desprazer. Chegam a nós, freqüentemente, numa situação muito passiva, que muitas vezes os coloca numa relação conosco e com a instituição permeada pela impotência/onipotência, que deve ser considerada. Soma-se a isso o fato de que muitos pacientes vêm encaminhados por seus médicos clínicos sem terem idéia do que seria uma psicoterapia, o que amplifica ainda mais esta situação. Além disso, chegam até nós pacientes que necessitam de outro tipo de abordagem, como, por exemplo, os que precisam apenas de uma nova inserção social, ou ainda aqueles para quem uma melhor continência por parte de seu médico clínico seria o suficiente.

A estas dificuldades e diversidades junta-se uma outra, que se refere aos componentes do corpo clínico do Serviço de Psicoterapia. Como em todo serviço, contamos com uma diversidade de terapeutas, que nos enriquece e que nos coloca na posição de termos de considerar as suas diferenças, tanto pessoais, como de formação técnica-teórica e ideológica para que possa haver uma plena possibilidade de realização do potencial de cada um. O grande desafio está em, a partir da diversidade, construir-se uma unidade. Desafio inerente à realidade de uma instituição acolhedora de diversidades: de pacientes, de terapeutas e de modalidades de tratamento. Entretanto, podemos identificar como uma das facetas dessa unidade o fato de todos os componentes do Serviço de Psicoterapia trabalharem com alguma vertente da psicodinâmica. A organização de um processo de indicação de psicoterapia institucional que leve em conta esta diversidade traduz a tentativa de abordagem deste desafio, entre outros.

Assim, qualquer atendimento psicoterápico por nós desenvolvido deverá levar em conta as características da nossa instituição, da nossa população-alvo e de nossos profissionais. Dessa forma, podemos prever que os atendimentos psicoterápicos envolverão não apenas a relação terapêutica e os seus componentes transferenciais e contratransferenciais, mas também as relações paciente-instituição e terapeuta-instituição. Se essas relações não forem clarificadas, pelo menos para os terapeutas, corremos o risco de tê-las imiscuídas na relação terapêutica, deturpando-a e tendo como decorrência o seu embaçamento, dificultando a realização do trabalho psicoterápico.

Portanto, é essencial que esteja muito claro para os terapeutas o seu vínculo com a instituição para que este não venha a ser depositado em seus pacientes, dificultando, assim, sua percepção. Da mesma forma, é necessário que os terapeutas possam levar em consideração a possibilidade de que o que ocorre na relação transferencial com eles possa muitas vezes remeter-se à instituição e não a eles. Essa relação triangular — paciente-instituição-terapeuta — deve ser considerada na indicação e no manejo dos processos psicoterápicos realizados no âmbito institucional.

Processo de indicação para psicoterapias no Serviço de Psicoterapia do Ipq-HC-FMUSP

Na tentativa de minimizar essa intrusão da instituição e seus limites na relação terapêutica, o Serviço de Psicoterapia possui um sistema de triagem realizado por alguns médicos assistentes e que tem, entre outras, a função de torná-los representantes da instituição perante o paciente. Na medida em que eles, como "porta-vozes" institucionais, podem definir para o paciente se a instituição tem ou não recursos para auxiliá-los, que forma de psicoterapia julgam ser a mais adequada e o seu tempo de duração, retiram da relação terapêutica este encargo, que na realidade não lhe pertence, liberando-a para o trabalho psicoterápico.

Esta possibilidade de reconhecimento da existência da instituição no atendimento psicoterápico e a atenuação de seus efeitos na relação terapêutica se amplificam quando, após o término da psicoterapia, o "porta-voz" institucional se faz presente para juntos considerarem o estado do paciente e sua necessidade ou não de novos recursos institucionais. No Serviço de Psicoterapia esse procedimento é realizado, rotineiramente, no Grupo de Psicoterapia Breve.

O Serviço de Psicoterapia, em decorrência das várias funções que a instituição lhe delega — ensino, atendimento e pesquisa —, além da diversidade de seus componentes, tem podido oferecer uma grande gama de formas de atendimento psicoterápico. Estes são realizados pelos médicos residentes, sob supervisão, e pelos médicos assistentes, colaboradores e pesquisadores.

Os médicos residentes atendem sempre como uma atividade relativa à sua formação. Nesses atendimentos há de ser considerada a motivação desses residentes, assim como suas limitações técnicas e de tempo. Eles atendem pacientes individualmente e em grupo, sem um tempo pré-delimitado. Esses atendimentos variam sua orientação teórica de acordo com a do médico supervisor e terão em algum momento uma finalização, que deve ser considerada.

Cada um dos médicos assistentes desenvolve uma atividade assistencial própria, de forma a poder oferecer à instituição uma forma de psicoterapia que lhe seja útil e que venha de encontro às suas convicções teórico-ideológicas. Muitos acrescentam a este trabalho um aspecto didático, orientando médicos residentes na sua realização e desenvolvimento de pesquisas. Assim, oferece-se: psicoterapia breve de orientação analítica, psicoterapia de emergência, psicoterapia breve psicodramática, psicoterapia para pacientes com Aids, psicoterapia grupal para pacientes psicóticos, psicoterapia para pacientes com transtornos da sexualidade, psicoterapia para pacientes internados nas enfermarias e psicoterapia de casal e familiar.

O trabalho dos profissionais que realizam a triagem, portanto, é complexo. Além de levar em conta os recursos institucionais, traduzidos nas várias formas de psicoterapia oferecidas, devem considerar a real demanda dos pacientes, que nem sempre é para um atendimento psicoterápico dinâmico, além de uma avaliação dos recursos psíquicos dos pacientes para que deles se possam beneficiar.

Assim, em primeiro lugar, é necessário que se localize a "área de problema do paciente": relacional, social e até mesmo econômica. Se a área em questão for econômica ou social, a sua abordagem não nos cabe e teremos de orientá-lo a procurar serviços com esta competência. Se a área for a relacional, teremos de examinar quais as relações comprometidas. Podemos verificar que a área relacional-problema é a relação conjugal, familiar, médico-paciente, ou que a dificuldade relacional permeia a maioria dos relacionamentos do paciente de forma que poderíamos dizer que é uma dificuldade relacional do paciente consigo mesmo.

Nos dois primeiros casos podemos indicar respectivamente uma psicoterapia de casal e familiar, e dependendo dos recursos psíquicos e da motivação do paciente, realizada numa abordagem psicodinâmica, de apoio, ou ainda encaminhá-lo para uma abordagem comportamental. Na terceira situação o indicado seria uma supervisão psicoterápica da relação médico-paciente junto ao seu médico.

Por último, diante do paciente com dificuldades na sua relação consigo mesmo, devemos avaliar a sua motivação e a sua condição de trabalhar dinamicamente e, sendo este trabalho viável, proceder a uma avaliação mais precisa de seus recursos psíquicos como nível de desenvolvimento psicossocial, sua condição de responder aos apontamentos, clarificações e interpretações e sua capacidade de simbolização e integração cognitivo-afetiva. A partir dessa avaliação, os pacientes são encaminhados para as psicoterapias individuais ou grupais realizadas em curto espaço de tempo ou não, ou ainda para as psicoterapias específicas, no que tange à queixa objetiva do paciente.

Processo de triagem no Grupo de Psicoterapia Breve

O Grupo de Psicoterapia Breve do Serviço de Psicoterapia, que oferece psicoterapia breve de orientação psicanalítica entre três e seis meses, possui um procedimento de triagem similar ao acima descrito, no sentido de integrar-se às outras formas de psicoterapia oferecidas pelo Serviço, mas diferencia-se por ter de avaliar mais de perto a condição de esses pacientes poderem beneficiar-se de um trabalho psicodinâmico breve. Na avaliação dos pacientes temos de considerar os seus recursos psíquicos para se haverem com a separação do vínculo terapêutico em um curto período de tempo para que possam suportar e beneficiar-se de sua elaboração.

A triagem é realizada em duas etapas: a primeira refere-se à determinação de uma melhor adequação das questões do paciente às outras formas de psicoterapia ou de tratamento oferecidas pelo Serviço e à avaliação dos fatores de exclusão para PDB. Essas são entrevistas relativamente curtas visando à determinação de distúrbios psicóticos, estados de franca polarização do humor, distúrbios cognitivos e associados ao uso de substâncias psicoativas. Nesta entrevista é feito o encaminhamento do paciente às outras formas de psicoterapia ou de tratamento oferecidas pelo Serviço ou, ainda, opta-se pela continuidade do processo de triagem para PDB. Neste caso, o paciente recebe um questionário semi-estruturado sobre questões que se referem à infância, ao desempenho escolar e profissional, aos relacionamentos afetivos, além de atividade social e de lazer, que deverá ser respondido em casa e trazido quando da segunda entrevista de triagem.

Os objetivos deste questionário são: trazer-nos maior número de informações para que possamos iniciar a entrevista de triagem com uma hipótese diagnóstica de funcionamento psicodinâmico e mobilizar o paciente afetivamente para esta entrevista. Alcançados esses dois objetivos, eles nos auxiliam na determinação dos recursos psíquicos dos pacientes e na elaboração, se possível, de um foco a ser trabalhado em PDB. Entendemos por foco um recorte teórico possível do entendimento psicodinâmico das dificuldades do paciente relacionado diretamente à sua queixa.

A segunda entrevista de triagem propõe-se a ser uma "entrevista-teste", realizada habitualmente por dois integrantes do grupo, que serão os mesmos a avaliar o paciente após o término da psicoterapia e que não atenderão ao paciente. Nesta entrevista são avaliadas tanto questões do desenvolvimento psicossexual do paciente, pela avaliação do grau de dependência de suas relações pessoais, de sua capacidade de vinculação e de confiança, quanto a sua possibilidade de responder de forma produtiva às etapas processuais de uma PDB. Aqui avaliaremos a sua capacidade de responder às intervenções do terapeuta, com a conseqüente maior aproximação do paciente de suas questões e a sua capacidade de integração de seus estados afetivos com a sua cognição por meio da expressão verbal dos mesmos. Também é importante a avaliação da intensidade, da qualidade e da mobilidade das defesas utilizadas pelo paciente.

Diante dessa realidade institucional, que é manejada dessa forma pelo Serviço de Psicoterapia, cabe-nos refletir sobre o real papel do atendimento psicoterápico institucional. Para tanto, é necessário, primeiramente, priorizarmos as funções institucionais. Se acreditarmos que a principal função da instituição é didática, podemos conceber as longas filas de espera e a diversidade de atendimentos psicoterápicos de acordo com o interesse pessoal dos médicos que aí trabalham. Mas se priorizarmos a função assistencial teremos de operacionalizar o atendimento, adequando-o à nossa demanda que, além de volumosa, é composta por pacientes com história psiquiátrica, muitas vezes permeada por internações. Neste caso, não seria mais adequado desenvolvermos uma maior variedade de atendimentos breves, grupais e familiares que melhor atendesse a essa demanda?

Na realidade, estamos em um eterno processo de mudança que, neste momento, aponta nesta direção, pois se há dez anos podíamos encontrar apenas atendimentos individuais e grupais sem tempo determinado, hoje vemos surgir os atendimentos familiares, de casal, de pacientes psicóticos, de pacientes internados, além das diversas formas de atendimentos breves.

Entretanto, estamos no cerne da questão institucional quando nos debruçamos para refletir sobre sua função e, portanto, sobre a forma que encaminharemos o atendimento psicoterápico neste contexto. Este é o nosso grande desafio.

Referências bibliográficas

MALAN, D. (1976). *The frontier of brief psychotherapy*. Londres, Plenum Medical Book Company.
MANN, J. (1973). *Time limited psychotherapy*. Cambridge, Harvard University Press.
SCHOUERI, P. C. L. (1992). "Contribuições ao emprego da psicoterapia psicodinâmica em instituições médicas" (Dissertação de Mestrado).

4

Psicoterapia dinâmica breve e instituição: uma experiência em curso

Carlos David Segre

Sempre fui muito curioso a respeito da natureza e da humanidade e, por isso, escolhi a carreira médica. Hoje sei que, além da curiosidade científica, também tenho interesse em arte e sou psiquiatra e psicoterapeuta porque desejo fazer reparações como conseqüência do meu desenvolvimento vital. Durante o curso médico fiz pesquisa em cadeira básica e um ano de residência em Bioquímica; insatisfeito e inquieto procurei a clínica, fazendo dois anos de residência em Clínica Médica.

Sempre gostei muito de pronto-socorro (na época não existia UTI). Chamavam minha atenção os repetidos retornos de pacientes recuperados do coma diabético.

Descontando os fatores econômicos e sociais, ou seja, falta de dinheiro e ignorância, existia, e acredito ainda estar presente, o fator psicológico. Desta forma, lá fui eu estudar novamente; trabalhava como clínico e estagiei no Departamento de Psiquiatria da FMUSP, onde fui assistente, após concurso, por vários anos. Paralelamente, fiz formação psicanalítica. Motivos particulares me obrigaram a ficar apenas em consultório. No entanto, minha paixão por ensino, atendimento e pesquisa levaram-me a fazer mestrado e doutorado.

Retornei ao Serviço de Psicoterapia por causa do meu interesse no atendimento de urgência, agora não apenas clínico, mas também psicológico. Desta maneira, vinculei-me ao grupo de Psicoterapia Dinâmica Breve, onde atendo pacientes, supervisiono o trabalho de residentes, leciono e participo da recém-fundada Liga de Psicoterapia

Dinâmica Breve do Departamento Científico do Centro Acadêmico Oswaldo Cruz, da FMUSP, além de conduzir projetos de pesquisa e ser responsável pelo estímulo à publicação científica. Esta Liga do Departamento Científico do CAOC existe graças à posição de vanguarda em relação ao ensino e à pesquisa do chefe do Serviço de Psicoterapia. Espero poder continuar aprendendo, ensinando e me renovando sempre.

Oswaldo Ferreira Leite Netto organizou recentemente um Atendimento Psicoterápico de Urgência, do qual faço parte. Trata-se de algo novo e pioneiro que visa atender pacientes em crise (tentativa de suicídio, depressão, luto etc.) em algumas sessões que permitam resolver e/ou encaminhar soluções para o conflito agudo de quem nos procura.

Esse atendimento de urgência (ou emergência) e também a psicoterapia dinâmica breve são exemplos excelentes do funcionamento institucional, apesar de todos os pesares, que apresentam as instituições médicas e públicas em geral. Acho importante recordar que psicoterapia dinâmica breve e atendimento de crise nas emergências são procedimentos antigos e rotineiros em serviços psiquiátricos em todo o globo.

A instituição é um elemento intermediário entre o paciente e o médico. Esta realidade implica considerar aspectos positivos e negativos. Entre os primeiros, destaco a participação de um grupo de profissionais que busca aprimorar sempre seus serviços em benefício do cliente. Por exemplo, o grupo de Psicoterapia Dinâmica Breve faz uma pré-triagem para excluir pacientes psicóticos ou deficientes mentais, e uma triagem, além da análise de um questionário que o paciente traz preenchido quando é entrevistado. O paciente é submetido também a testes de personalidade.

A entrevista de triagem é gravada em vídeo — se o paciente consentir —, assim como a entrevista de avaliação após o processo de terapia. O paciente é solicitado a dar sua permissão por escrito para o uso do material de suas sessões com finalidade científica para publicações, e do material audiovisual para ensino e pesquisa, desde que seja devidamente desfigurada a imagem e seja mantido o respeito ético (ou seja, o paciente não é identificado de nenhuma maneira). Se o paciente não consentir, ele é atendido do mesmo modo, sem nenhum prejuízo para o seu tratamento.

Quem faz a entrevista de triagem é um profissional médico ou psicólogo; no entanto, com o consentimento do paciente outros membros do grupo assistem à entrevista na sala de gravação. Este procedimento tem a vantagem de permitir a discussão da indicação entre os membros do grupo.

Desta maneira, o funcionamento de uma equipe na instituição é altamente vantajosa para o paciente, para o acadêmico, para o residente e para os membros do grupo em função do aprimoramento constante. Aliás, a publicação deste livro é fruto do trabalho conjunto, mérito em primeiro lugar do chefe do Serviço de Psicoterapia.

Destaco dois aspectos negativos do atendimento de pacientes em instituições: em primeiro lugar, o cliente que decide procurar ajuda para seus problemas está em crise e, portanto, regredido. Muitas vezes, questões burocráticas fazem com que haja espera de vários meses(!) entre a entrevista inicial e o tratamento; transcorrido esse tempo, a motivação do paciente acabou ou pelo menos diminui bastante.

O segundo aspecto negativo, entre tantos outros, refere-se à existência do fenômeno inconsciente chamado transferência, ou seja, o paciente faz um vínculo tanto positivo quanto negativo com o primeiro profissional que o escuta; não é difícil imaginar a surpresa e o descontentamento ao saber que vai ser entrevistado por outros ainda, e nem conhece quem vai ser seu terapeuta definitivo.

Como destaca Ancona-Lopez (1997), a instituição, por meio de um profissional capacitado, pode proporcionar ao paciente alguém que, no mínimo, o escute com carinho e consideração, até mesmo pela primeira vez em sua vida!

Por outro lado, Conde Filho e Tamada (1997) mostram que a instituição faz bom proveito do serviço prestado pela psicoterapia dinâmica breve porque há maior procura de atendimento do que oferta de profissionais capazes de atender aos pacientes em uma modalidade técnica difícil e angustiante por causa do tempo limitado, ou seja, o término presente desde o início.

Um aspecto negativo destacado por estes autores é a diluição da responsabilidade profissional na instituição e a relativamente rápida rotatividade dos profissionais que atendem, ou seja, os residentes que permanecem ligados ao grupo durante um, dois ou no máximo três anos e, quando estão ficando "tarimbados", se despedem...

Outro aspecto inevitável nas instituições é a disputa pelo poder (Segre, 1997) entre as várias categorias profissionais, no caso, entre psicólogos, médicos assistentes e residentes.

A questão da disputa pelo poder fica freqüentemente em evidência durante a supervisão conjunta das sessões de psicoterapia dinâmica breve da qual participam os membros do grupo e os residentes.

A psicoterapia dinâmica breve é um campo excelente para se verificar a importância da contribuição da psicodinâmica e do comportamentalismo em benefício do paciente; trata-se de uma reeducação emocional e cognitiva.

Considerando a instituição como um todo, acho relevante o papel de laboratório que ela desempenha para a pesquisa e para o ensino: um trabalho bem-feito e bem documentado permite ter um acervo inestimável de material científico disponível para consulta e projetos de investigação.

Finalmente, considero que a experiência acumulada permite afirmar que a função do psicoterapeuta é técnica e afetiva; acho importante assinalar aqui que o médico precisa estar ciente de que sua função terapêutica é a de *acompanhar* o desenvolvimento da personalidade do paciente, muito mais do que interferir com a pretensão de modificá-lo.

Outro aspecto relevante, destacado na literatura e que confirmamos na experiência do grupo, é a existência de conflitos inevitáveis que transbordam do paciente para o terapeuta e deste para o supervisor (e/ou o grupo de supervisão); essas situações são inevitáveis e devem ser manejadas para fornecer ao terapeuta, durante a supervisão, conhecimentos a respeito do que está ocorrendo nos vínculos. Um fator constante é a angústia de separação do paciente por causa do término que transborda para o terapeuta. Este vai ter de lidar com a questão do término, tanto do lado do paciente como do seu próprio.

Preparando os exemplos clínicos deste relato, quero citar agora alguns autores que praticam psicoterapia de emergência. A intervenção na crise, segundo Rosenberg (1995) implica um critério preciso: a partir de um estado de equilíbrio, um acontecimento produz a quebra da homeostase e causa tensão.

Borins (1995) mostra a importância da perda e do luto na vida de qualquer pessoa; ou seja, diante da perda o sujeito ou consegue manter seu equilíbrio mental ou, por regressão, vai apresentar algum distúrbio. Estou plenamente de acordo com este autor; mesmo em casos de psicoterapia dinâmica breve, cujo foco é edípico, e, principalmente perto do término da terapia, há regressão pré-edípica; de qualquer forma, a angústia de separação está sempre presente. Tanto é verdade que, na opinião de Borins (1995) e na minha também, muitas vezes, sob regressão, considera-se que a morte não faz parte da vida, mas é produto de engano ou falha. Como conseqüência imediata surge uma falsa culpa, tanto no paciente quanto no terapeuta. Tentoni (1995) assinala que o luto pós-aborto é menor durante os três primeiros meses de gravidez. A participação da mulher que aborta, no ritual fúnebre, procura estabelecer um sentido para a perda e obter perdão, na opinião deste autor, e assim facilitar a elaboração do luto.

McLeod-Bryant e Deas-Nesmith (1993) destacam que a proximidade social entre paciente e terapeuta constitui fator positivo para o estabelecimento de um bom vínculo. Esta questão é importante, pois aborda o aspecto sempre presente em qualquer vínculo, que é a existência de diferenças; a emoção subjacente é a inveja e/ou seu derivado atenuado, o ciúme. Segundo Rosenberg e Kesselman (1993) o atendimento de emergência necessita da colaboração do paciente, que deve aceitar a existência de dificuldade emocional e dispor-se a colaborar com o terapeuta.

Gilliéron (1990) lembra dois aspectos relevantes que são a técnica empregada e o relacionamento entre paciente e terapeuta. O vínculo terapêutico implica instrumentar dois elementos fundamentais que são a *palavra* e a *percepção*. O terapeuta, usando sua percepção, deve dirigir-se ao paciente mediante a palavra, levando em conta a transferência e o vínculo emocional presente no momento. O terapeuta exerce uma função complementar à do paciente, usando a palavra para explicitar as emoções ocultas do paciente.

A limitação de indicações da psicoterapia de emergência é clara: Liberzon *et. al.* (1992) afirmam que, em função do brevíssimo tempo, ou seja, quatro sessões, a indicação serve para a tentativa de suicídio ou de luto. Este aspecto se reflete naturalmente na aderência estrita ao *foco* da terapia.

A seleção do paciente deve levar em conta a existência de crise, a motivação, a força do ego e a aderência à interpretação; do ponto de vista do terapeuta deve haver flexibilidade, aderência ao foco e capacidade de contenção das angústias de separação e castração de si mesmo e do paciente.

Stern (1990) assinala a importância da culpa do sobrevivente na elaboração do luto. Outro ponto, que no meu entender merece atenção, é a vergonha, sentimento que aparece no vínculo e é muito comum no relato de pacientes que não se permitem revelar para ninguém seus desejos e fantasias por medo de não serem compreendidos ou serem criticados.

Fretwell (1991) mostra a importância de desmascarar a falsa segurança que o paciente mantém ao continuar sua relação com o falecido. A tentativa de suicídio é estudada tanto do ponto de vista individual como familiar.

Assim, Pfeffer (1981) considera que a família deveria servir de guia para a geração seguinte; mudança de hábito familiar produz regressão e, muitas vezes, o indivíduo tenta se matar como teste para procurar saber se é benquisto pelos familiares. Este autor relata o caso de uma criança de dez anos, hospitalizada por tentativa de suicídio; ela tem pais ambivalentes, com baixa auto-estima, levando a criança a fazer identificação patológica, confundir-se e tentar o suicídio.

Crumley (1990) correlaciona aumento do consumo de drogas em adolescentes com aumento de comportamento suicida.

Finalmente, Saccomani et. al. (1992), em extensa pesquisa clínica e psicodinâmica, encontram comportamento repetitivo do adolescente suicida e uso de drogas. Esses autores narram o caso de um adolescente instável e imaturo, que tem pais em conflito, além de elevada incidência de perturbações psiquiátricas na família. A adolescência é uma etapa de vida que necessita de estabilidade e contenção por parte da família para o desenvolvimento.

Quero relatar agora dois exemplos clínicos do atendimento de psicoterapia de urgência recentemente iniciado. A primeira paciente tem 35 anos, é viúva, mãe de dois filhos, funcionária pública. Veio procurar ajuda psiquiátrica e psicoterápica após um assalto. Durante uma folga do seu serviço. Ela trabalhava no caixa do restaurante do marido quando foi surpreendida por um assaltante armado. Ela entregou o dinheiro, mas ele quis mais e a obrigou a levá-lo até o escritório, onde estava o marido; não satisfeito com mais dinheiro, olha fixamente a paciente nos olhos e atira. Neste momento, o marido se interpõe e morre em seu lugar. Sob este trágico impacto, a paciente não consegue mais trabalhar e cai em profunda letargia. A medicação antidepressiva melhora seu estado e ela busca apoio para esta situação de crise de acordo com Rosenberg (1995) e Borins (1995). Combinamos trabalhar a perda do marido em quatro sessões de emergência para, em seguida, fazermos uma avaliação. No momento em que escrevo, a avaliação foi feita e combinamos seguir por mais doze sessões. Nas sessões de emergência aparecem dois problemas principais, em parte, por causa de sua vivência anterior; ela sempre foi muito mimada pela mãe e pelos irmãos, principalmente após a morte do pai. Seu marido continuou tomando todas as decisões e praticamente conduzia sua vida.

Esta situação sofre ruptura súbita; ela cai em depressão. Um dos problemas que aparece, por paradoxal que possa ser, é a dificuldade de precisar da minha ajuda: ela se "esquece" da data e da hora da avaliação, e quando marcamos outro encontro ela atrasa. Porém, concorda que precisa continuar, apesar de achar que pode estar tomando o lugar de alguém que precise mais do que ela.

A outra questão relevante é a culpa do sobrevivente, de acordo com Stern (1990), aliada à vergonha de precisar da ajuda de alguém fora do âmbito familiar. Durante as sessões de emergência ela relata um estado intermediário entre sono e vigília no qual "conversa com o marido que a chama e a puxa pela mão". De acordo com a observação de Fretwell (1991), é importante que o terapeuta procure desvencilhar a paciente da relação concreta com o falecido. Acredito que, neste caso, não será fácil, por causa de sua história de vida.

A paciente também relata um sonho de seu filho caçula, no qual ele e o pai sorriem um para o outro. Apontei para ela o contraste entre a "conversa" dela com o marido e o sonho do filho; este último abre caminho para tentar superar o luto, pois trata-se de imagens visuais puras, sem um puxar o outro pela mão, e a comunicação se faz pelo sorriso. Outro aspecto que já surgiu é a dificuldade de a paciente responder às perguntas do filho mais velho sobre masturbação. Quem sabe prolongar um luto também possa ser considerada uma atitude masturbatória e/ou a falta de atividade sexual seja um problema para ela?

A outra paciente tem 22 anos, é solteira, vive com a mãe e tem três irmãos casados. O pai abandonou o lar quando ela era pequena. A mãe dela é pouco afetiva e freqüentadora assídua da igreja de uma seita protestante. Ela tem a companhia de um cachorro, pois a cadela morreu recentemente. Depende do namorado, do qual tem muito ciúme. Ninguém se lembra da data do seu aniversário. Assim, num fim de semana ela ingere vinte comprimidos de gardenal receitados para a cadela, que tem convulsões por causa de prováveis metástases cerebrais de um tumor de mama.

Antes de adormecer, avisa o namorado por telefone, que vem socorrê-la e a leva para o pronto-socorro. A personalidade dela é dependente e muito infantil; uma característica é que fala de situações tristes com indiferença e às vezes até sorrindo. Esta paciente também acha que, afinal, seu caso "não é tão grave assim". Pfeffer (1981) estudou a família de suicidas: quando não é possível haver uma orientação, principalmente pela ausência de um dos pais, a vida se complica para uma personalidade muitas vezes geneticamente fraca. Como já afirmei, trata-se dos primeiros casos de atendimento de emergência cujo tratamento está em curso. Citei referências ao uso de droga por representar um problema social grave, que aumenta o risco de suicídio, particularmente em jovens; e também a questão do aborto por ser um problema individual e social (já que a legislação retrógrada obriga à clandestinidade).

Um ponto relevante em ambos os casos parece ser a observação de Gilliéron (1990), ou seja, a habilidade do terapeuta em instrumentar percepção e palavra no vínculo. Importante, também, é o que dizem MacLeod-Bryant e Deas-Nesmith (1993) a respeito da proximidade social entre paciente e terapeuta para o bom vínculo, além da empatia recíproca, de acordo com minha experiência.

Estes relatos clínicos referem-se à psicoterapia que poderíamos chamar de brevíssima. Quero mencionar, também, a Psicoterapia Dinâmica Breve (PDB), experiência da qual participo e que tem uma história mais longa, ou seja, de alguns anos.

De modo geral, respeitando as indicações para PDB, que são motivação do paciente, inteligência e capacidade de interagir rapidamente com o terapeuta, foco edípico e pré-edípico, minha experiência no Grupo de PDB do Serviço de Psicoterapia do Instituto de Psiquiatria do Hospital das Clínicas — FMUSP mostra o seguinte: a maioria dos casos atendidos é de mulheres. "A mulher é mais suscetível aos conflitos por causa de sua situação social?", ou "A mulher tem menos onipotência do que o homem para solicitar ajuda?". Nossa experiência mostra, também, que a mulher muitas vezes funciona como "locomotiva", ou seja, depois que começa a terapia, o companheiro "vem a reboque".

Uma das defesas freqüentes é a de a mulher procurar ajuda para resolver problemas do marido ou dos filhos. Nessas circunstâncias, muitas vezes, a psicoterapia dinâmica breve serve como uma tomada de contato inicial para uma subseqüente exploração mais ampla e profunda do conflito individual.

Entre os casos atendidos até o momento, uma minoria não precisou de outra terapia nas avaliações realizadas até um ano após o termino do processo. A maioria foi encaminhada para a terapia longa ou outra breve. Esta situação parece ser positiva, pois a terapia abriu perspectivas para continuar o processo de autoconhecimento; nestas condições, a segunda psicoterapia dinâmica breve visa trabalhar outros focos de conflito.

Em resumo, a Psicoterapia Dinâmica Breve, na instituição, constitui um método valioso para a abordagem de conflitos agudos pessoais e relacionais. Do ponto de vista da pesquisa acho importante investigar os vínculos entre o paciente e o terapeuta, e entre o terapeuta e o supervisor. Desta maneira, estou frisando a importância do binômio transferência/contratransferência.

Referências bibliográficas

ANCONA-LOPEZ, S. (1997). "Intervenções breves em instituição". In: SEGRE, C. D. (ed.). *Psicoterapia Breve*. São Paulo, Lemos Editorial, pp. 155-80.

BORINS, M. (1995). "Grief counseling". *Can. Fam. Physician*. V. 41, pp. 1207-11.

CONDE FILHO, J. e TAMADA, R. (1997). "Psicoterapia dinâmica breve e instituição". In: SEGRE, C. D. (ed.). *Psicoterapia Breve*. São Paulo, Lemos Editorial, pp. 181-97.

CRUMLEY, F. E. (1990). "Substance abuse and adolescent suicidal behavior". *Jama*. V. 263, n° 22, pp. 3051-56.

FRETWELL, A. (1991). "Complicated grief". *Nursing*. V. 4, n° 40, pp. 18-20.

GILLIÉRON, E. (1990). "Guérir en quatre séances psychothérapiques? Changement initial et psychothérapie analytique". *Psychothérapies*. N° 3, pp. 135-42.

LIBERZON, I.; GOLDMAN, R. S. e HENDRICKSON, W. J. (1992). "Very brief psychotherapy in the psychiatric consultation setting". *Int'l J. Psychiatry in Medicine*. V. 22, n° 1, pp. 65-75.

MCLEOD-BRYANT, S. e DEAS-NESMITH, D. (1993). "Race and therapeutic alliance". *Hospital and Community Psychiatry*. V. 44, n° 7, p. 688.

PFEFFER, C. R. (1981). "The family system of suicidal children". *American Journal of Psychotherapy*. V. 35, n° 3, pp. 330-41.

ROSENBERG, R. C. (1995). "Psychological treatments in the psychiatric emergency service". *New Directions for Mental Health Services*. V. 67, pp. 77-85.

ROSENBERG, R. C. e KESSELMAN, M. (1993). "The therapeutic alliance and the psychiatric emergency room". *Hospital and Community Psychiatry*. V. 44, n° 1, pp. 78-80.

SACCOMANI, L; MATRICARDI, A.; SAVOINI, M. e CIRRINCIONE, M. (1992). "Comportamenti suicidari negli adolescenti". *Minerva Pediatrica.* V. 44, n° 11, pp. 525-32.

SEGRE, C. D. (1997). "Supervisão em Psicoterapia Dinâmica Breve". In: SEGRE, C. D. (ed.). *Psicoterapia Breve.* São Paulo, Lemos Editorial, pp. 251-61.

STERN, J. (1990). "Psychothérapien de la perte et du deuil". *Santé Ment. que.* V. 15, n° 2, pp. 221-32.

TENTONI, S. C. (1995). "A therapeutic approach to reduce postabortion grief in university women". *College Health.* V. 44, pp. 35-7.

5

Psicoterapia no hospital geral

Sonia Maria Duarte Sampaio

As origens da Medicina Ocidental remontam à Grécia com Hipócrates (460 a 370 a.c.), que nos legou o ensino da prática médica. A concepção do ser humano, nesta data, era de um ser biopsicossocial, ou seja, um ser integrado com seus aspectos físicos, psíquicos, sociais, familiares e com o meio ambiente. Hipócrates não formulava o diagnóstico sem antes examinar minuciosamente seu paciente, colher informações a respeito de sua doença e de sua vida pregressa, além de conversar com os familiares sobre seus hábitos e condições de vida.

Muitos séculos decorreram de Hipócrates até nós e muito mudou na concepção de ser humano, de modo que, muitos anos após termos recebido os ensinamentos hipocráticos, estamos de volta ao ponto de partida, deparando-nos com uma "nova" forma de conceber o ser humano, que é a assim chamada Medicina Holística. Cabe-nos perguntar sobre o que aconteceu à medicina para que se afastasse tanto dos ensinamentos hipocráticos.

Na verdade, esta maneira de ver o homem como um ser integrado foi questionada por Descartes, cujo pensamento predominou na ciência de meados do século XVII ao início do século XX. Descartes dissociava o corpo da alma ao afirmar que a união dessas duas instâncias, por serem incompreensíveis ao entendimento humano, era incompatível com a realização da ciência.

O pensamento cartesiano dita que para se fazer ciência e validá-la é necessário ter como ponto de partida apenas dados corretos e objetivos. Como imaginava a existência de um grande gênio maligno, capaz de enganar nossa mente e nossos órgãos dos sentidos, Descartes optou por rejeitar o corpo como fonte de conhecimento e passou a considerar apenas a matemática como a única certeza possível, pois na matemática 2 + 2 é sempre igual a 4. Como considerava a consciência do homem pontual, como espaço da apreensão dos fatos imediatos, rejeitou o corpo, a memória e o inconsciente e toda a subjetividade humana como pontos de partida para a apreensão da verdade.

Apesar de a filosofia no século XVII ter nos apresentado Spinosa, que pensava alma e corpo como uma única substância, o dualismo cartesiano continuou a predominar na ciência médica, tendo o ensino médico sofrido muito sua influência. O manejo e o tratamento dos pacientes clínicos era feito de forma a estar totalmente separado, inclusive espacialmente, dos pacientes ditos psiquiátricos, e não se pensava no ser doente e sim na doença. A formação médica não incluía o ensino e o treinamento dos médicos generalistas para que lidassem com os aspectos emocionais de seus pacientes, cabendo exclusivamente aos psiquiatras e aos psicólogos lidar com estes aspectos.

Somente com Freud e o advento da psicanálise, no início do século XX, o corpo se aliou novamente à alma e o homem voltou a ser visto como um todo indissolúvel. Freud provou que as reações humanas guardavam relações de sentidos e estes poderiam ser conhecidos por intermédio de uma abordagem mais pormenorizada do histórico de vida do paciente e de seu conteúdo imaginário. A psicanálise, por meio de seus seguidores, sobretudo Dumbar e Firenczi, aprimorou o estudo das relações corpo e mente e percebeu a importância da problemática emocional junto às doenças orgânicas, dando origem, a partir da década de 30, à Medicina Psicossomática.

Com o advento da Medicina Psicossomática, o psiquiatra começou a aproximar-se das outras especialidades médicas. Ao mesmo tempo que a utilização de drogas neurolépticas permitiam que o paciente psiquiátrico passasse a ser visto como um doente como outro qualquer, que em vez de ser trancafiado e isolado do convívio familiar deveria ser tratado preferencialmente em ambulatório, o psiquiatra parece ter também recebido "alta" junto com seu paciente e passou a ampliar o campo de seu atendimento para limites além dos grilhões manicomiais.

O médico psiquiatra começou a atuar junto com o clínico, dentro do hospital geral, a princípio de forma tímida, acompanhando pacientes com distúrbios mentais que necessitassem de algum procedimento cirúrgico ou clínico. Depois seu papel tornou-se muito mais abrangente, ao começar a perceber melhor os distúrbios psicossomáticos, a inter-relação existente entre doença e saúde e a interação destas duas instâncias com os aspectos biológicos, psicológicos e sociais do indivíduo.

A Medicina Psicossomática inseriu-se na prática médica por meio do estudo das causas psíquicas das enfermidades orgânicas (psicogênese). Chamamos de doença psicossomática toda doença que admite a existência de fatores emocionais em sua origem, agravando ou dificultando sua terapêutica. Atualmente, incluem-se fatores situacionais além dos psicológicos interferindo na formação e na evolução das doenças ditas psicossomáticas, como por exemplo as variações das condições sociais a que está submetido o homem moderno.

Com o advento da Medicina Psicossomática, muitos dos pedidos de consultas feitos a psiquiatras refletiam a procura de causas psicológicas para doenças orgânicas cujas causas não estavam de todo esclarecidas, de modo que o psiquiatra passou a estar atento a todo e qualquer distúrbio emocional que o paciente ou a equipe terapêutica pudessem estar enfrentando. A demanda por um profissional que auxiliasse neste sentido foi tão grande que muitos psicólogos começaram a ser contratados para trabalhar dentro do Hospital Geral e a psiquiatria organizou um serviço que posteriormente constituiu-se numa subespecialidade psiquiátrica denominada Psiquiatria de Ligação ou Interconsulta Psiquiátrica.

A interconsulta psiquiátrica refere-se à presença do psiquiatra auxiliando um médico de outra especialidade. Este termo apareceu pela primeira vez na literatura em 1960, para descrever o papel do psiquiatra no hospital geral. Como Lipowsky definiu em 1967: "Liaison Psychiatry" ou Psiquiatria de Ligação é a área da psiquiatria clínica que inclui diagnóstico, terapêutica e atividades de ensino e pesquisa de psiquiatras junto à área não psiquiátrica de um Hospital Geral.

O psiquiatra, no Hospital Geral, executa o diagnóstico e a terapêutica do paciente com psicose sintomática (quadro psicótico secundário à doença ou ao uso de medicação, intervenções cirúrgicas, circulação extracorpórea, hemodiálise e distúrbios metabólicos); ou com distúrbios psiquiátricos prévios à internação (como, por exemplo, pacientes deprimidos, esquizofrênicos, alcoolistas, hipocondríacos e toxicômanos, que são internados por uma afecção orgânica qualquer); ou doenças psicossomáticas clássicas (úlceras pépticas, asma brônquica, problemas dermatológicos etc.); e também se apresenta como alguém disposto a tentar entender o ser que adoece. Em nossa opinião esta última função deveria ser executada pelo próprio médico do paciente, mas acaba sendo executada pelo psicoterapeuta, quer ele seja psiquiatra ou psicólogo, pois ambos estão aptos a exercer este trabalho, desde que tenham formação, habilidade e interesse em lidar com os aspectos psicodinâmicos do paciente. A presença do psicodinamicista torna-se imprescindível no ensino e no treinamento do pessoal da equipe a ter uma atitude psicológica saudável para com o paciente. Quando profissionais de diversas áreas unem seus esforços e habilidades e se constituem de fato em uma equipe multidisciplinar, o paciente sempre tem a ganhar.

Voltando a Hipócrates, devemos nos lembrar que a abordagem do indivíduo enfermo deve sempre começar com a história da moléstia atual. Uma anamnese bem cuidadosa revela o modo como a doença se manifesta, permite uma primeira aproximação com o doente e conquista a sua confiança. Os pacientes mostram-se, às vezes, muito reticentes quando iniciamos a abordagem pelos aspectos emocionais relevando os aspectos físicos. Estes são muito importantes, uma vez que canalizam a expressão de toda angústia e sofrimento. Ao permitirmos que a dor seja verbalizada, os fatores subjetivos logo se revelarão e mostrar-se-ão presentes no modo de adoecer. Indagando o paciente devemos nos preocupar não só com os eventos que ocorreram durante toda a sua vida, mas principalmente com o sentido que encontrou naquilo que vivenciou, ou seja, de que modo elaborou aquele símbolo. Isto nos dará pistas de como está elaborando a doença atual.

Só estando atentos à presença de fatores psicossociais que possam ser importantes no desenvolvimento, na modificação e no potencial de cronicidade da doença física, poderemos contribuir com estratégias que reassegurem o paciente em termos emocionais, familiares, sociais e econômicos. Se há algum sentido na atuação do psicoterapeuta dentro do Hospital Geral, é exatamente o de descobrir os conteúdos, as vivências e a história íntima de cada pessoa.

Um garoto de 13 anos, atendido na Hematologia do Hospital das Clínicas da Faculdade de Medicina da Universidade de São Paulo, apresentava uma série de hematomas localizados, principalmente nos membros inferiores. Como praticava esportes, entre eles o futebol, o sintoma, a princípio, não foi muito valorizado; porém, como não diminuía mesmo durante o período em que não participava dos treinos, passamos a investigar. Foi solicitado tempo de sangramento e coagulação sangüínea, que se mostraram alterados. Seguiu-se hemograma, com contagem do número de plaquetas, que apresentou número consideravelmente diminuído. (Contagem de 60 mil plaquetas por mm³ de volume sangüíneo, enquanto valores considerados normais para a idade variam entre 160 mil e 200 mil plaquetas/mm³.) Foram afastadas todas as possibilidades de causas alérgicas, infecciosas, tumorais ou auto-imunes como agentes etiológicos, permanecendo o diagnóstico de púrpura trombocitopênica idiopática (ou seja, de causa desconhecida). Foi instituído corticoterapia e tratamento com gamaglobulina, que não trouxeram grande melhora ao quadro. A anamnese cuidadosa dos fatores sociais e familiares mostravam que o pai do menino havia recebido o diagnóstico de leucemia três meses antes do aparecimento dos sintomas e que a primeira manifestação da doença no pai havia sido exatamente plaquetopenia. Apesar de todos os esforços terapêuticos, o garoto veio a apresentar melhora de seus sintomas (contagem do número de plaquetas normais) somente quando o pai, após recuperar-se de um transplante de medula óssea, voltou a exercer suas atividades profissionais normais.

Observamos, neste exemplo, como os fatores emocionais influenciaram o surgimento da moléstia e aquilo que chamamos de patoplastia da doença, ou seja, a forma como a doença vai escolher para se manifestar. A intensa ligação do menino com o pai fez com que ele adoecesse simultaneamente, apresentasse o mesmo sintoma inicial do pai e a melhora deste o influenciou quanto ao momento em que a cura pode acontecer.

Lopez-Ibor (1963) ensina que pensar o homem como um ser biopsicossocial faz com que inicialmente nos detenhamos na vida em sua expressão biológica, ou seja, composta de nascimento, puberdade, possibilidade de reprodução e morte; mas não devemos nos esquecer que, além de sua vida externa, o homem tem uma vida interior. A trajetória a ser percorrida pelo ser humano durante sua vida existencial será planejada pela totalidade de sua vida psíquica, o *self*, que conterá um conjunto de possibilidades a serem expressas. A expressão destas possibilidades será limitada por uma série de fatores, dentre estes a constituição física e psíquica (herança genética) do indivíduo. Byington (1984) aponta que a personalidade do indivíduo fica marcada por tudo aquilo que vivenciou na vida, desde aspectos próprios, relacionados à sua constituição física, assim como a ação da família, do meio cultural em que vive, das emoções que lhe aconteceram na vida e do meio ambiental onde nasceu e vive, devido a influências que as variações climáticas e geográficas exercem em nossa personalidade.

A vida interior ou psique manifesta-se desde a mais tenra idade, dirige o homem para ser único dentre os de sua espécie e o encaminha para a realização plena de todas as suas potencialidades. A luta da pessoa para tornar-se aquilo que é ou está destinada a ser foi chamada por Jung de individuação. Novalis afirma que dentre as coisas que mais individualizam o ser humano estão a doença ou o sofrimento, o modo de adoecer ou de sofrer. Com certo pesar, percebemos que é justamente este aspecto de individualidade e grandiosidade do ser perante o adoecer que escapa à grande maioria dos profissionais de saúde. Muitos esquecem que a vida interior, a vida espiritual continua presente mesmo durante a doença e, muitas vezes, esta pode ser vista como um símbolo que tenta expressar a necessidade de ocorrer uma mudança na trajetória daquele ser. A doença tanto pode ser uma crise na vida do indivíduo, como pode expressar uma crise existencial anterior a ela, mas uma vez presente envolverá não só o indivíduo como toda a sua família.

Grande número de pacientes clínicos que se encontra internado apresenta algum grau de mal-estar psíquico. Na literatura, encontramos trabalhos que descrevem alterações emocionais em 84% dos pacientes examinados durante o primeiro dia de internação (Stoeckle). Apesar de ser grande a percentagem de distúrbios psicológicos apresentados pelos pacientes, estes nem sempre são diagnosticados; e, quando reconhecidos, o médico muitas vezes sente-se incomodado para abordá-los de maneira franca e direta. Ansiedade e depressão são os distúrbios mais freqüentemente encontrados, e a intensidade e gravidade destas reações geralmente vão ser diretamente proporcionais à gravidade da doença.

Alguns fatores são descritos como os que mais comumente desencadeiam sintomas de angústia e de depressão. Entre eles temos: a internação, a gravidade da doença e as dificuldades econômicas decorrentes da doença.

Internação: Muitas vezes o estresse que a internação provoca está associado à gravidade da patologia, porém o ambiente hospitalar e o anonimato que o indivíduo passa a ter quando internado por si sós já são suficientes para causar angústia ou depressão. Imaginemos quantas emoções podem afligir uma criança que necessite ser hospitalizada e não possa permanecer acompanhada de seus familiares; ou a preocupação e o desespero de uma mãe que, ao adoecer, não tenha com quem deixar seus filhos pequenos enquanto estiver hospitalizada. Nestes dois exemplos vamos encontrar muito freqüentemente, além das reações ansiosas e depressivas já citadas, manifestações somáticas e emocionais de medo e raiva, que podem ser projetadas no médico ou na equipe terapêutica, gerando conflitos na relação paciente-equipe, podendo resultar na recusa do paciente em colaborar com seu tratamento ou até ocasionar uma convalescença demorada.

Em nosso meio, como trabalhamos num grande centro hospitalar, é muito comum o paciente vir de outras cidades ou até de outros estados para seu tratamento, abandonando seu lar e seus familiares, não contando com o conforto destes durante a internação.

Gravidade da doença: A natureza da doença em si e sua conscientização provocam uma série de reações emocionais consideradas normais, mas que podem expressar dificuldades em sua elaboração. Elizabeth Kubler-Ross descreveu cinco estágios emocionais que podem estar presentes em quem acabou de saber que tem uma doença terminal, mas que pode se estender a todos os que sofreram qualquer tipo de perda física ou emocional. A saber:

- Negação e perplexidade: neste estágio, os pacientes dizem: "Não, não é possível, não pode ser comigo".
- Raiva: Neste estágio os pacientes se perguntam: "Por que eu?".
- Barganha: "Sim, é comigo, mas..." e colocam uma condição para a aceitação, como uma esperança ou um plano para que possa mitigar sua situação.
- Depressão: O paciente se confronta com a tristeza de estar doente. "Sim, sou eu", e pode tornar-se pouco comunicativo e chegar a perder peso. O desespero e os pensamentos suicidas são preocupações comuns durante este período.
- Aceitação: Geralmente, atinge-se este estado por meio de um trabalho emocional. O paciente parece estar tranqüilo, apesar de cansado; é um estado quase isento de sentimentos.

Problemas financeiros e familiares acarretados pela doença: Torna-se fácil imaginarmos um chefe de família que se apresente por demais ansioso pelo fato de ter adoecido repentinamente, e que, além de preocupar-se com sua doença, preocupa-se também com problemas de ordem econômico-financeira. Não podemos nos esquecer que a doença impossibilita o exercício das atividades profissionais habituais, trazendo a redução abrupta dos rendimentos financeiros, além de proporcionar despesas extras, como compras de medicação e pagamento de honorários médicos ou hospitalares.

Segundo Kaplan et. al. (1983), três grupos clínicos requerem atenção especial quanto à presença de fatores psicológicos na expressão de sua doença. São os pacientes psicossomáticos, os psiquiátricos e aqueles com distúrbios reativos à doença de base. Eu associo o grupo de pacientes terminais a esta classificação.

Grupo de doenças psicossomáticas: são pacientes cujas doenças físicas têm íntima relação com o sistema vegetativo, como cefaléia, asma, hipertensão essencial, úlcera péptica e colite ulcerativa. Suspeita-se que ambos os fatores, tanto somáticos quanto emocionais, em proporções diferentes de caso para caso, desempenhem um grande papel na gênese dos sintomas. Estes pacientes são mais bem tratados quando recebem um tratamento combinado médico e psicoterápico.

Grupo psiquiátrico: constituído por doentes que não apresentam qualquer doença corporal, mas pensam e sofrem como se a tivessem, sem que sejam considerados psicóticos no sentido estrito do termo. Encontramos neste grupo os transtornos conversivos antigamente chamados de histeria de conversão e hipocondria.

Grupo reativo: estes pacientes têm doenças orgânicas e sofrem de um distúrbio psicológico associado. Por exemplo: pacientes com insuficiência renal ou cardíaca, que desenvolvem angústia devido às condições de ameaça de vida. O estado emocional pode agravar-se caso não seja tratado logo e adequadamente, assim como o estado orgânico pode piorar devido ao estado emocional.

Grupo de pacientes terminais: como contraíram uma doença que ameaça sua existência, apresentam-se muito assustados com seus sintomas; o corpo antes tido como um amigo passa a ser encarado como um adversário prestes a atacá-lo a qualquer momento. Estes pacientes sentem-se muito ameaçados, temem a perda da autonomia, o desfiguramento, a dor física, e têm medo de deixar seus familiares desamparados.

Os dois primeiros grupos requerem atenção especial. Muitas vezes, tornam-se necessárias mudanças estruturais da personalidade do paciente para que ocorra a cura. O psicoterapeuta deve encorajar o paciente a perceber atitudes perante a vida, que colaboram para a manutenção da doença. Porém, estes pacientes são os mais relutantes em lidar com seus problemas emocionais e apresentam defesas mais rígidas, pois não aprenderam a expressar seus problemas emocionais de forma não-física. Às vezes negam e até mesmo desconhecem a existência destes, sentem-se desacreditados por seus médicos, criam dificuldades e assumem um comportamento provocativo junto à equipe terapêutica.

Como estão totalmente convencidos de que seus sintomas são exclusivamente orgânicos, apresentam-se muito resistentes a uma abordagem psicoterápica. Por isto, o psicoterapeuta deve estar apto a trabalhar em um campo terapêutico tenso. O primeiro passo é assegurar ao paciente que a doença da qual ele se queixa, de fato, existe e é real, e que esta realidade se expressa na riqueza dos sintomas e nas alterações dos exames laboratoriais para os pacientes psicossomáticos ou na gravidade dos sintomas para os transtornos conversivos e hipocondríacos. Depois, deve-se explicar que há uma suposição da existência de fatores emocionais desencadeando ou agravando os sintomas. Deve-se ter o cuidado de perceber se o paciente está utilizando seu sintoma orgânico para aliviá-lo de seus conflitos emocionais, o que se constitui numa defesa que não deve ser removida abruptamente. A defesa tem sua função, e interpretá-la de maneira muito ativa pode ser precoce e inadequado, de modo a desencadear agudização da ansiedade e dos sintomas físicos.

Quanto aos pacientes com doenças físicas graves ou terminais, Cassem aponta que muito do que hoje sabemos sobre como lidar com estes enfermos, eles mesmos têm nos ensinado. Neste campo, o que mais importa ao paciente é saber que, de fato, nos importamos com ele, que sofremos junto com ele e temos compaixão. O conforto e o alívio dos sintomas físicos para esses indivíduos são tão importantes quanto o alívio da dor psíquica. Muitos estudos recomendam que o mais importante, em vez de termos algo a dizer a essas pessoas, é estarmos aptos a ouvi-las e não temermos quando o assunto abordado for a aproximação da morte. Em geral, esses pacientes não têm com quem conversar suas angústias, pois seus familiares estão tão assustados e fragilizados quanto eles. Permitir que as pessoas com doenças terminais contem suas próprias histórias os ajuda a elaborar aspectos de sua vida bem como a aproximação da morte. O psicoterapeuta também deve ajudar a equipe terapêutica e a família a lidar com esses aspectos, de forma aberta, franca e afetiva para com o paciente.

Como apontamos anteriormente, o psicoterapeuta tem de trabalhar conjuntamente com o clínico e estar a par da evolução dos sintomas físicos de seus pacientes e do tratamento. Alguns clínicos mostram-se mais reticentes e resistentes a um trabalho conjunto com um psicoterapeuta muitas vezes em função de treinamento inadequado em psiquiatria e psicodinâmica durante o curso médico. O psicoterapeuta pode ajudar o paciente a perceber a ligação de seus sintomas com as suas emoções e compreender os processos inconscientes envolvidos na forma de adoecer. Compreendendo essas interações, ele pode auxiliar a equipe terapêutica a lidar com os pacientes em geral, promovendo o entendimento das respostas dos pacientes, principalmente em relação às doenças crônicas ou terminais.

Referências bibliográficas

ALENCAR, M. V. (1998). "Espinosa: Deus e os homens". *Rev. Psicopombo.* Soc. Bras. Psic. Anal., ano IV, n° 3, jun/jul.

ANDRADE, L. H. S.; LOTUFO NETO, F.; SILVA, A. M .A.; SAMPAIO, S. M. D. e MESQUITA, M. E. (1983). "A psiquiatria no Hospital Geral". *Rev. A. M. B..* Vol. 29, n° 7/8.

BYINGTON, C. (1984). "O desenvolvimento simbólico da personalidade. Os quatro ciclos arquetípicos". *Junguiana. Rev. Soc. Bras. Psic. Anal.* N° 2, pp. 90-136.

DA COSTA, N. F.; OUAKININ, S. e FIGUEIRA, L. (1989). "Psicoterapia na Sida". *Acta Med. Port.* 6: 266-69.

DESCARTES, R. (1973). *Meditações.* Coleção "Os Pensadores". São Paulo, Abril.

GORDON, R. (1995). *A assustadora história da medicina.* Ediouro.

HACKETT, T. P. e CASSEN, N. H. (1978). *Handbook of General Hospital Psychiatry.* 6ª ed. Massachusetts General Hospital, U.C. Mosby Co.

KAPLAN, H. I.; FREDMAN, A. M. e SADOCK, B. J. (1983). *Comprehensive textbook of psychiatry III*, Psychosomatic Disorders. 3ª ed., EUA.

LADER, M. H. (1983). *Handbook of psychiatry — Mental disorder and somatic illness.* V. 2, Nova York.

LIPOWSKY, Z. J. (1967). *Review of consultation psychiatry and psychosomatic medicine II.* Clinical Aspects. Psychosom Med 29; 201-44.

LOBO, A. e SEVA DIAZ, A. (1980). "Aportacion psiquiatrica a una medicina integral". *Actas Luso Esp. de Neur. Psiq.* Vol. VIII, 2ª etapa, n° 5.

_____. (1980). "Aportacion psiquiatrica a una medicina integral". *Actas Luso Esp. de Neur. Psiq.* Vol. VIII, 2ª etapa, n° 6.

LOPEZ-IBOR, J. J. (1963). *Leciones de psicologia medica.* Madri, Paz Montalvo.

SHAVITT, R. G.; BUSATTO FILHO, G. e MIGUEL FILHO, E. C. (1989). "Interconsulta psiquiátrica: Conceito e evolução". *Rev. Paul. Med.* 107 (2), 108-12.

6

Reflexões sobre o trabalho de supervisão psicodinâmica dos casos da enfermaria feminina do IPq HC-FMUSP

Maria Odila Buti de Lima

No trabalho de supervisão de casos com residentes de psiquiatria no Serviço de Psicoterapia fomos observando, no decorrer de vários anos, como muitas vezes eram trazidas para discussão as dificuldades com o entendimento e a comunicação com os pacientes mais graves, sobretudo aqueles que se encontravam internados e com a orientação de seus familiares. Em reuniões e conversas informais, com outros colegas do Serviço, observamos que, de certa forma, esta constatação também era comum, fato que trouxe à tona um questionamento que está no cerne daquilo que me parece ser um dos pontos nevrálgicos da psiquiatria atual.

As estratégias que são elaboradas para o tratamento da doença e do doente mental, assentadas em pensamentos teóricos dos mais diversos, juntamente com o avanço das pesquisas na área biológica, têm contribuído e acrescentado uma quantidade de possibilidades e recursos para o tratamento dos casos. No entanto, como acontece muitas vezes em áreas que estão em franco desenvolvimento, pela quantidade de dados novos e informações que nos chegam, corremos o risco de fazer raciocínios redutivos que visam nos ajudar na tentativa de organização interna e elaboração do pensamento. Falamos freqüentemente de um mesmo paciente, de forma dicotomizada, como se a divisão corpo e mente não fosse meramente didática e, pior, como se cada uma dessas duas instâncias habitasse um dos lados do prédio da instituição e competisse para estabelecer uma hierarquia perene, imutável entre elas, em detrimento daquele que deveria ser sempre, em primeiríssimo lugar, o nosso principal vencedor: o paciente.

Pedindo permissão para falar do que aparenta ser óbvio e que, com freqüência, nos é mostrado de forma aparentemente ingênua (na fábula, é uma criança que avisa que o rei está nu), gostaria de levantar alguns questionamentos e, principalmente, dúvidas, já avisando, de antemão, que não tenho respostas e certezas para estas angústias que parecem ser comuns a quem lida com a matéria psíquica e todas as suas implicações.

Os ditos populares sempre trazem um pouco da alma coletiva. Aprendi quando criança que "nada é mais fácil do que educar o filho dos outros". Assim, falamos e criticamos até percebermos como a execução de um projeto é mais difícil do que meramente opinar sobre como achamos que ele deveria ser feito.

Em 1987, o dr. Francisco Lotufo Neto, que havia assumido a chefia da Enfermaria Feminina do IPq do HC-FMUSP, procurou o Serviço de Psicoterapia do mesmo hospital para solicitar a realização de um trabalho conjunto de orientação de residentes de primeiro ano, que estariam passando pela enfermaria no decorrer daquele ano. Aceitando o desafio e bastante contentes com o convite e com a possibilidade de uma integração, iniciamos um trabalho semanal de supervisão visando à compreensão psicodinâmica dos casos, à abordagem da relação médico-paciente e à orientação dos familiares dos pacientes internados. Inicialmente, foi dado um enfoque maior na compreensão e na abordagem dos familiares dos pacientes com o levantamento de questões como: Qual ou quais membros da família devem ser convocados? Como cada pessoa vê a doença? Qual ou quais fantasias são feitas em relação à doença, independentemente da etiopatogenia que nós, profissionais, sabemos existir? Por que, mesmo após orientações teóricas, tantos ficam sem entender, ou ficam com uma compreensão distorcida da doença? Onde a loucura e a miséria traçam pontos de intersecção tão fortes que se tornam quase que um corpo só?

Uma questão que sempre me intrigou na relação médico-paciente foi a de como ouvimos e somos ouvidos em nossas comunicações com os nossos pacientes, sobretudo os mais comprometidos psiquicamente e de nível cultural diferente daquele em que vivemos. Usamos, muitas vezes, de um grau de abstração nas nossas colocações e perguntas que nos parece óbvio, mas que não percebemos não estar na forma habitual de pensamento e de elaboração de nossos clientes, principalmente os citados acima. Testei empiricamente esta hipótese ao perguntar a dezenas de pessoas em atendimento de triagem: "Como é o seu relacionamento com o seu marido?" e, invariavelmente, recebia a resposta: "Bom". Logo após, repetia a pergunta: "Seu marido ou companheiro é bom para a senhora?" e, também, invariavelmente, recebia a resposta: "Não", e somente aí podia entrar em contato com os fatores pessoais que poderiam estar interferindo, desencadeando ou ocasionando a eclosão de sintomas, muito embora saibamos como, em termos psíquicos, é complicado, senão quase impossível, falar em termos de relação causa-efeito.

Poderia aqui levantar inúmeras questões que nos remeteriam aos múltiplos extratos da consciência. Com quais níveis desta consciência estaríamos trabalhando? Com quais níveis nos disporíamos a trabalhar? Este é e foi um dos desafios que enfrentamos com esta proposta de supervisão.

Um dos temores que eu tinha ao iniciar este trabalho, e ainda tenho, é o de que uma atitude que, a meu ver, deveria ser natural entre os profissionais de ajuda, possa parecer pretensiosa e onipotente. Conhecer os limites de nossa atuação e interferência psiquiátricas, até onde podemos e conseguimos ir, nos deixa por vezes confusos, sem saber a justa medida, se somos omissos ou invasivos. Por outro lado, iria lidar com casos que já haviam sido supervisionados por profissionais competentes, bastante atualizados com a clínica e a terapêutica, e a principal operação a ser usada seria a de adição e não a de subtração e/ou a de divisão. Diante da complexidade das questões mentais, torna-se cada vez mais evidente que o trabalho em equipe e a somatória do pensamento e das atitudes de todos os profissionais envolvidos no caso tornam-se cada vez mais importantes.

O referencial usado para este trabalho tem sido o da psicologia analítica (Jung) e o do psicodrama (Moreno), assim como o embasamento da psiquiatria clínica. Considerando a abordagem proposta por Jung, o arquetípico pressupõe o biológico e o psicológico e, salvo em questões estratégicas, não faz sentido separá-los como se pertencessem a reinos diferentes, com reis incompatíveis entre si. A especificação e o aprofundamento de cada novo conhecimento nos aprimoram, mas devemos ter muito cuidado para não cairmos no erro metodológico de tomarmos a parte pelo todo. Já Moreno, ao enfatizar o vínculo nas relações interpessoais e considerar — concordando com Martin Buber — que o homem é um ser em relação, por intermédio das técnicas psicodramáticas e de *role-playing* nos proporciona uma excelente via de acesso ao paciente e ao ensino do médico-residente.

As supervisões dos casos são quase sempre intercaladas com estudos de textos que visam orientar de modo mais globalizado a formação dos médicos residentes. Explicando melhor, isso significa que não entramos nos meandros da discussão clínica e terapêutica, mas, sim, estudamos e discutimos temas de âmbito mais geral, que podem ser aplicados a muitas situações, como, por exemplo, a dinâmica das relações transferenciais, a dinâmica do processo de cura, o paradoxo do mito de Chíron, o curador ferido, aquele que com sua ferida incurável estava sempre curando. Curamos melhor quando já fomos feridos e não tentamos resolver nossas feridas naqueles que nos procuram com outras finalidades que não esta. O estudo das teorias da comunicação dos pesquisadores de Palo Alto, na Califórnia, também tem sido de grande valia. Embora discorde e discuta muitos de seus posicionamentos, como, por exemplo, o das mães esquizofrenogênicas, observar como se processam os "duplos-vínculos" nas comunicações orienta-nos para que vejamos em nós e em nossos pacientes o lado escuro e irracional que turva o lado luminoso, apolíneo e racional da medicina.

Podemos citar muitas referências que nos subsidiam neste trabalho: o pensamento teórico de Carlos Byington, o de Nairo de Souza Vargas com os casais e as famílias, e o de Iraci Galias. Esta autora, ao discutir e refletir sobre a problemática edípica no plano pessoal e arquetípico com os seus possíveis desvios, nos orienta para vivenciar que a problemática edípica, de triangulação, não está restrita somente à família, mas também se estende a outras instituições e à família psicológica. A síndrome de retificação do triângulo, descrita por ela em seu artigo "Reflexões sobre o Triângulo Edípico", da *Junguiana* nº 6, *Revista da Sociedade Brasileira de Psicologia Analítica*, ajuda-nos, inclusive, na pragmatização da abordagem de cada caso.

Uma dúvida que sempre tive e que aumentou de intensidade com este trabalho foi em relação à constatação da necessidade de psicoterapia de um paciente, sua viabilidade e sua possibilidade. Além das questões tradicionais amplamente discutidas, que envolvem esta modalidade de tratamento, como disponibilidade de vagas, temos também, muitas vezes, uma falta de interesse por parte de pacientes ou de seus familiares neste tipo de abordagem, justificada por razões diversas que, concordemos ou não com elas, devem ser levadas em conta. Sabemos, porém, que se não visualizarmos o lado sombrio de cada situação, dificilmente chegaremos a uma boa resolução de um caso. Penso que então uma nova (?) atitude está sendo requerida aos profissionais de ajuda em geral, especialmente aos psiquiatras. O entendimento e a abordagem psicodinâmicos precisam ser considerados em cada atitude médica, independentemente de se estar ou não praticando a psicoterapia em suas formas mais tradicionais. O "achismo psicológico" precisa ser deixado de lado para ceder lugar a um pensamento mais elaborado e embasado teoricamente. Não podemos nos esquecer que trabalhamos com a palavra, e o quanto ser precisos nos é fundamental. Somos freqüentemente chamados a opinar sobre fatos do mundo psicológico e, muitas vezes, falamos muito mais de nossos preconceitos do que de nossos conceitos.

As questões levantadas poderiam aparecer e aparecem com pessoas que não são necessariamente pacientes psiquiátricos e que podem ou não estar internadas em uma enfermaria psiquiátrica. Da mesma forma, a supervisão dada em uma enfermaria pode não diferir muito de outras supervisões realizadas em outros espaços. Qual é, então, a originalidade e a criatividade deste trabalho?, poderiam perguntar. Posso dizer que, mesmo sem ter respostas definitivas a respeito, este é um trabalho que tem dado resultados na compreensão e no atendimento dos casos tentando estabelecer a ponte necessária entre o clínico e o psicodinâmico-vivencial. Não existe aqui uma preocupação com a originalidade, mas, sim, com a efetividade, e esta parece estar sendo cumprida, muito embora não disponhamos de métodos de aferição estatística para tal.

Na descrição feita tentei não sobrecarregar o leitor com conceitos teóricos que podem ser consultados e aprendidos nas inúmeras obras disponíveis. Procurei levantar alguns questionamentos que me ocorreram no decorrer deste trabalho, esperando que as críticas, sugestões e pontos comuns possam nos levar a pensar melhor o nosso paciente e sua doença. Este trabalho prossegue com supervisões em grupo com os residentes de primeiro ano, uma vez por semana, com duração de duas horas na Enfermaria Feminina do IPq-FMUSP.

7

Supervisão psicanalítica numa instituição psiquiátrica

Marcia Szajnbok

Nosso cenário

O atendimento supervisionado é, classicamente, um dos três pilares sobre os quais se apóia a formação psicanalítica. Em nossa prática no Serviço de Psicoterapia do IPq, entretanto, não trabalhamos com psicanalistas em formação, mas sobretudo com médicos residentes em psiquiatria, que recebem treinamento em psicoterapia durante dois anos de estágio obrigatório, e um terceiro opcional. A equipe de supervisores do Serviço é composta por profissionais que pertencem a vários campos da psicodinâmica, e a psicanálise é uma das opções que esses jovens médicos têm como orientação teórica a seguir durante sua permanência conosco.

Até há alguns anos era comum que, ao chegar à residência em psiquiatria, os recém-formados já tivessem noções razoavelmente claras sobre o campo da psicodinâmica e sobre a diferença entre as várias escolas ou linhas de trabalho. Era freqüente, inclusive, que os alunos interessados em fazer psiquiatria já iniciassem psicoterapia ou análise pessoal ainda durante o curso de graduação. Desse modo, a escolha do supervisor, ou pelo menos da orientação teórica seguida por este, obedecia ao critério de maior identificação do residente de primeiro ano com este ou aquele método de trabalho.

Nos últimos anos, entretanto, temos notado uma mudança nesse perfil, refletindo provavelmente o tipo de enfoque dado pelos cursos de graduação aos aspectos psicológicos e humanísticos da prática médica. Assim, os residentes que iniciam atendimento psicoterápico no primeiro ano vêm, em sua maioria, sem informações suficientes tanto acerca do campo de trabalho das psicoterapias em geral, como das diferenças entre as linhas de trabalho; e, além disso, são raros, hoje, aqueles que já têm alguma experiência psicoterápica pessoal, de modo que também em termos de formação chegam menos preparados.

Diante dessa população, tem-nos parecido mais importante, ao longo do primeiro ano, delimitar o nosso campo de trabalho, introduzir noções básicas sobre o que é, como se procede e para o que serve uma abordagem psicodinâmica, do que aprofundar detalhadamente qualquer uma das teorias, estudo que fica reservado para os anos subseqüentes, de acordo com o andamento dos casos e as motivações de cada grupo de residentes.

Nesse cenário, a psicanálise

Especificamente, nos grupos de supervisão psicanalítica, temos focalizado a psicanálise como um corpo de conhecimentos teóricos e técnicos que possibilita o acesso à subjetividade. É em torno desse tema central que introduzimos os grandes conceitos psicanalíticos, como inconsciente, transferência, pulsão, representação etc., aliando a discussão de casos à leitura de textos técnicos, sobretudo do próprio Freud, e literários, cujo conteúdo nos parece útil no sentido de ilustrar as teorizações propostas.

Mas tendo sempre em mente que não estamos formando analistas e, sim, introduzindo psiquiatras no universo psicodinâmico, nos preocupamos em tornar esse aprendizado teórico útil para o médico residente, não só diante dos pacientes que atendem em psicoterapia, mas na sua prática clínica de modo geral, quer no Serviço, quer nas enfermarias ou ambulatórios. Todo o nosso esforço se dirige para o esclarecimento do que nos parece ter sido a grande revolução introduzida por Freud no estudo do psiquismo humano: a universalidade da realidade psíquica e o caráter radicalmente particular de seus conteúdos, independentemente da ocorrência ou não de diagnóstico psiquiátrico de qualquer natureza.

Mais do que insistir nas filigranas da teoria, nosso trabalho com os grupos de supervisão visa à apreensão pelo residente dos contornos do que podemos chamar de campo psicanalítico: a investigação dos conteúdos da vida mental do sujeito humano, tomando em conta a hipótese freudiana do inconsciente, que se efetua a partir de uma escuta particular e das intervenções desse que escuta, existindo entre paciente e terapeuta um vínculo transferencial. O estudo da teoria psicanalítica pode ser útil para a erudição, para a cultura, mas a verdadeira transmissão da psicanálise só se dá na própria experiência. O fio guia do psicanalista não é o posicionamento médico, mas, sim, sua ética. A medicina diagnostica, trata, tem claros os parâmetros de saúde e de doença, de adaptação, de normalidade. A psicanálise apenas possibilita, a partir do saber que produz num sujeito, que ele faça suas opções de vida do modo mais livre e responsável possível.

Executar essa transmissão, entretanto, não é tão simples como falar dela... Como supervisores, somos todo o tempo exigidos num exercício de tradução de conceitos que nos propõe o interessante desafio de fugir ao máximo dos jargões, dos pressupostos tidos como implicitamente dados, de tudo o que, na interlocução com outros analistas, parece, às vezes, "o óbvio"... Nesse exercício, também nós aprendemos, pois nessa prática a que nos dedicamos, nada é óbvio, nada é de acordo com o bom senso, com a aparência de facilidade de compreensão trazida pelo senso comum.

É interessante notar que as dificuldades com as quais nos deparamos hoje para circunscrever o objeto e os objetivos da psicanálise são muito próximas daquelas enfrentadas por Freud há mais de meio século. No trabalho de 1926, "A questão da análise leiga", ele conclui:

(...) O preparo para a atividade analítica de modo algum é fácil e simples. O trabalho é árduo, grande a responsabilidade. Mas qualquer um que tenha sido analisado, que tenha dominado o que pode ser ensinado em nossos dias sobre a psicologia do inconsciente, que esteja familiarizado com a ciência da vida sexual, que tenha aprendido a delicada técnica da psicanálise, a arte da interpretação, de combater resistências e de lidar com a transferência — qualquer um que tenha realizado tudo isso não é mais um leigo no campo da psicanálise.

Freud, 1926

A atualidade do pensamento freudiano também se reflete no que nos parece ser fundamental na transmissão da psicanálise a médicos residentes de psiquiatria. Em *Sobre o ensino da psicanálise na universidade*, ele comenta a importância do estudo dessa teoria na formação médica, em geral, e psiquiátrica, em particular.

(...) Outra das funções da psicanálise seria proporcionar uma preparação para o estudo da psiquiatria. Esta, na sua forma atual, é exclusivamente de caráter descritivo; simplesmente ensina o estudante a reconhecer uma série de entidades patológicas, capacitando-o a distinguir quais são incuráveis e quais são perigosas para a comunidade. Sua única ligação com os outros ramos da ciência médica está na etiologia orgânica — isto é, nas suas descobertas anatômicas; mas não oferece a menor compreensão dos fatos observados. Tal compreensão só poderia ser fornecida por uma psicologia profunda. (...) Para resumir, pode-se afirmar que a universidade só teria a ganhar com a inclusão, em seu currículo, do ensino da psicanálise. Esse, na verdade, só pode ser ministrado de maneira dogmática e crítica, por meio de aulas teóricas; isso porque essas aulas permitirão, apenas, uma oportunidade muito restrita de levar a cabo experiências ou demonstrações práticas. (...) Devemos considerar, por último, a objeção de que, seguindo essa orientação, o estudante de medicina jamais aprenderia a psicanálise propriamente dita. Isso, de fato, é procedente, se temos em mente a verdadeira prática da psicanálise. Mas, para os objetivos que temos em vista, será suficiente que ele aprenda algo sobre psicanálise e que aprenda algo a partir da psicanálise.

Freud, 1919

Refazendo o percurso de Freud

Se toda a teoria psicanalítica nasceu da acuidade da observação clínica de Freud, e se esse posicionamento justifica que o fim de sua vida não tenha sido o fim da psicanálise, mas apenas seu início, parece-nos que ensinar algo sobre psicanálise e a partir dela passa, necessariamente, por um refazer do percurso freudiano, no sentido de capacitar os médicos residentes a realizarem esse tipo de apreensão do paciente que privilegia sua individualidade, sua subjetividade, os conteúdos e o funcionamento do seu mundo mental.

Refazer o percurso freudiano é, antes de tudo, escutar pessoas. Daí a importância que temos dado aos atendimentos, à supervisão e aos seminários clínicos nesse contato com a psicanálise que os residentes têm em nosso Serviço. E, particularmente nas supervisões, nossas intervenções tendem a ir no sentido de auxiliá-los a refinar essa escuta e a captar as sutilezas das manifestações psíquicas trazidas pelos pacientes. Temos sempre tentado evitar que as discussões dos casos caiam na simplificação empobrecedora de fazer correlações diretas entre algum aspecto da sessão e a teoria.

Freud bem cedo percebeu que os princípios do funcionamento psíquico de seus pacientes eram idênticos àqueles que percebia em si próprio. Assim, também nos parece fundamental que nossos supervisionados desenvolvam a introspecção e a curiosidade acerca de si próprios, e que percebam em si mesmos os fenômenos que buscam perceber em seus pacientes. Dado o perfil da instituição onde trabalhamos, os residentes não são obrigados a se submeter a nenhum tipo de abordagem psicológica pessoal, mas são sempre aconselhados a procurar sua própria análise, e muitos o fazem. É notável, aos olhos dos supervisores, a diferença na qualidade de atendimento prestado entre aqueles que estão e os que não estão em análise, o que só confirma o aforismo de que psicanálise se aprende sobre o divã, e não nos bancos da universidade.

A transferência em ação

Além de auxiliar no trabalho dos próprios residentes, a análise pessoal também facilita as intervenções dos supervisores, pois muitas vezes notamos que as dificuldades na condução dos casos se referem mais ao próprio médico do que ao paciente.

O enlace transferencial é sempre um fio com duas pontas, ou seja, implica um certo posicionamento tanto do lado do paciente como do lado do analista. Poder sustentar-se nessa posição pressupõe que o médico tenha clareza sobre os fenômenos psíquicos evocados em si mesmo pela presença daquele que está atendendo. Nas supervisões, ao apontar este ou aquele aspecto do funcionamento do residente, nossa intenção não é a de substituir o papel de seu analista, mas, sim, de esclarecer esse posicionamento.

Esse tipo de consideração sobre a transferência é fundamental, pois é nesse plano que o residente poderá aprender algo sobre e a partir da psicanálise, como queria Freud. E ele é eficaz quando, no próprio contexto da supervisão, se estabelece um vínculo entre residente e supervisor, que também podemos chamar de transferencial e que, de certo modo, reproduz o vínculo residente-paciente.

Do mesmo modo que não é possível conduzir uma análise sem que tenha se estabelecido um vínculo dessa natureza entre analista e analisando, também a supervisão psicanalítica parece estar apoiada sobre a transferência supervisionando-supervisor. Trata-se, assim, de um aprendizado pela experiência, muito mais do que uma elaboração teórica racional sobre cada caso. Com isso, mesmo atuando como supervisores, continuamos posicionados como analistas, e é isso o que transforma a supervisão num exercício vivo da psicanálise e não num falar sobre ela.

A psicanálise transmite-se fazendo-a. É a crença na veracidade dessa noção que nos permite sustentar o discurso e a prática psicanalítica mesmo em tempos em que ela é tão mal compreendida, e por vezes subestimada. Em última análise, o que de melhor podemos oferecer aos nossos médicos residentes supervisionandos é nossa própria identificação com os ideais subjacentes à prática psicanalítica: a valorização do homem na sua individualidade, liberdade e autonomia, o respeito pelas diferenças no lugar da adaptação às normas e da padronização do comportamento humano.

Referências bibliográficas

CESAROTTO, O. (1989). "Transmissão do analista". In: *14 Conferências sobre Jacques Lacan* (org. Fani Hisgail). São Paulo, Escuta, pp. 77-84.

FREUD, S. (1997). "Sobre o ensino da psicanálise na universidade" (1919). In: *Edição eletrônica brasileira das obras psicológicas completas de Sigmund Freud*. Rio de Janeiro, Imago.

_____. (1997). "A questão da análise leiga" (1926). In: *Edição eletrônica brasileira das obras psicológicas completas de Sigmund Freud*. Rio de Janeiro, Imago.

LONGMAN, J. (1980). "Além da experiência supervisionada". *Rev. Bras. Psicanálise*, 14, pp. 349-62.

MILLER, J. A. (1997). "Psicoterapia e psicanálise". In: *Psicanálise ou Psicoterapia*, (org. Jorge Forbes). São Paulo, Papirus, pp. 9-19.

PHILIPS, F. (1997). "Supervisão". In: *Psicanálise do desconhecido*. São Paulo, Editora 34, pp. 65-8.

SEGRE, C. D. (1997). "Supervisão em Psicoterapia Dinâmica Breve". In: *Psicoterapia Breve* (org. Carlos David Segre). São Paulo, Lemos Editorial, pp. 251-61.

8

Supervisão, uma visão psicodramática

Alexandre Saadeh

Introdução

Acredito que este tema, supervisão, deva revelar não só o paciente mas também o supervisionado e o supervisor, denunciando um amálgama de influências presentes em qualquer nível de relacionamento humano.

Se acreditamos que relações humanas são sempre situações específicas e de vital importância, não só na continuidade e na reprodução de conhecimentos em nossa espécie, mas também (re)formadora de valores, sentimentos e condutas, teremos, numa supervisão, possibilidades quase que infinitas de intervenção.

Dentro destas possibilidades, a supervisão adota características didáticas e de reformulação de papéis. Nisto, apesar de não sermos professores, no sentido estrito do termo, nossa responsabilidade como (in)formadores de profissionais preparados para lidar com o sofrimento, a limitação e outras características humanas é imensa.

Também não devemos nos esquecer do momento histórico que vivemos. Apesar da dificuldade de distanciamento, até porque, além de observadores, somos também agentes, podemos afirmar que as pessoas têm cada vez mais dificuldade em se relacionar, se fazer compreender, amar e ser amadas. Em nossa era tecnológica, talvez soem piegas estes termos, mas também está embutido no "pacote" supervisão a construção de uma massa crítica e pensante de vários aspectos de nossa vida.

Com esta rápida colocação inicial, espero deixar clara, bem clara, a intenção de este capítulo ser uma contribuição menos teórica e mais prática de uma atividade essencial na formação de um psicoterapeuta.

Do ser supervisor

Ser supervisor exige o desenvolvimento de certos potenciais, os quais não podemos discorrer sem antes introduzirmos alguns conceitos psicodramáticos que fundamentam o trabalho prático, relacional e teórico de supervisão.

Os conceitos de papel, tele, espontaneidade e criatividade me parecem fundamentais.

Iniciando, Moreno (1978) define papel como "as formas reais e tangíveis que o eu adota". Outro psicodramatista importante, Bustos (1979), define papel como sendo "a menor unidade de cultura". Para este autor, "os papéis não surgem do eu, é o eu quem surge dos papéis", o que configura uma forma de pensar o eu como sendo uma instância relacional.

O Psicodrama, por ser uma teoria relacional, concebe, nos dizeres de Martín (1996):

> Que o homem não pode viver só e, vivendo com os demais, tem de se adaptar a certas normas de convivência. Estas normas impõem uma maneira de agir a que chamamos conduta e o modo concreto de aceitá-las é adotando um papel. Às vezes o indivíduo pode escolher o seu papel, outras vezes tem de aceitar o que lhe é imposto; num e noutro caso, porém, a sociedade lhe exige uma conduta de acordo com esses papéis.

O exercício do papel de supervisor configura determinadas qualidades e características que o tornam um misto de psicoterapeuta e professor e exige do supervisionado o estabelecimento de um contrapapel adequado.

Adequação é uma das principais características da espontaneidade, conceito psicodramático que se relaciona à teoria dos papéis, pois segundo Martín (1996), a espontaneidade "desenvolve no homem um estado de perpétua originalidade e de adequação pessoal, vital e existencial à circunstância que lhe compete viver".

Já tele, um conceito difícil, refere-se, nas palavras de Moreno (1978): "a percepção interna e mútua dos indivíduos é o cimento que mantém os grupos unidos. É 'Zweifuhlung', em contraste com o 'Einfuhlung'".

Papel, espontaneidade e tele, conceitos psicodramáticos, unemse de forma indissolúvel, criando uma massa teórica capaz de sustentar e justificar a relação de supervisão.

Pela teoria psicodramática, o papel de supervisor, portanto, só existe em paralelo ao de supervisionado. E para o bom desempenho, ou seja, com criatividade, é necessário um papel espontâneo, em que o outro seja adequadamente percebido. Espontaneidade, papel e tele, indissoluvelmente, unidos e presentes.

Fazendo parte e estando incluídas nestes conceitos, algumas características e qualidades do supervisor se tornam importantes e fundamentais. São elas:

a) Gerais:
- ser psicoterapeuta há algum tempo;
- ter se submetido a psicoterapia;
- ter sido supervisionado;
- ter boa formação teórica.

b) Específicas:
- continência;
- respeito;
- honestidade;
- proteção.

Outras características, como não confundir supervisão com psicoterapia ou usá-la como exercício narcísico, devem ser lembradas sempre. Certos limites são tênues, mas de fundamental importância para a saúde da relação de supervisão.

Cabe ainda ao supervisor o estabelecimento de um clima confortável para que os supervisionados consigam se expor adequadamente.

No serviço de Psicoterapia do Instituto de Psiquiatria do Hospital das Clínicas da faculdade de Medicina da Universidade de São Paulo, a grande maioria das supervisões são realizadas em grupos ou, no mínimo, em duplas; raramente individuais.

O bom manejo de um grupo também se configura como exigência para um supervisor.

Vale ainda a ressalva de que, por estarmos em uma instituição ligada ao ensino, assistência e pesquisa, as supervisões adquirem caráter único, diferenciando-se de outros lugares.

Do ser supervisionado

Aqui estamos falando de certas características do ser supervisionado, não das qualidades do bom psicoterapeuta, apesar de muitas vezes as duas questões se interligarem. Aliás, estamos falando de como formar bons psicoterapeutas. Ou seja, a supervisão servindo como (in)formadora e promotora do desenvolvimento do papel de psicoterapeuta.

Como antes foi explicitado, o papel de supervisionado não é algo com que nascemos, mas, sim, algo que construímos.

No Instituto de Psiquiatria, o Serviço de Psicoterapia oferece, além de outros programas, um de supervisão dos atendimentos de psicoterapia, obrigatório para todos os residentes de primeiro e segundo anos (os de terceiro podem optar). Cabe aqui uma ressalva, pois há uma grande diferença entre residentes de primeiro e segundo anos.

Os residentes de primeiro ano geralmente terminaram a graduação em Medicina e optaram por Psiquiatria. Muitos nunca se submeteram a uma psicoterapia, outros nem querem.

Os que me escolhem, dentro dos cinco nomes de supervisores de primeiro ano, muitas vezes nem me conhecem.

Temos um acordo didático entre todos os cinco supervisores de que, neste primeiro ano, a formação deve concentrar-se em questões psicodinâmicas gerais do paciente e um trabalho quanto à postura profissional do futuro psicoterapeuta.

Questões relativas a linhas específicas de trabalho, psicanálise, psicodrama ou psicologia profunda devem ser deixadas para o segundo ou terceiro ano da residência.

Iniciamos, pois, uma relação grupal (geralmente três R1 para cada supervisor) em que, além da ansiedade presente em lidar com a vida do paciente, torna-se necessário, primeiramente, um reconhecimento e instrumentalização do que podemos chamar de vida mental de cada um.

Para cada novo grupo, sempre me surgem dúvidas. E aí os conceitos psicodramáticos, antes expostos, se fazem presentes na prática do trabalho.

Como fazer jovens médicos – felizes na escolha da especialidade e treinados por seis anos a ouvir queixas objetivas, ajudar e resolver problemas — deixarem de ter respostas para tudo, entenderem mecanismos de defesa, avaliarem os limites de suas atuações e, principalmente, perceberem-se como instrumentos de transformação, não só pelo conhecimento técnico, mas pela forma de se relacionar?

Para cada nova turma seleciono um livro e/ou filme que na minha avaliação poderia abrir o tema para discussão e que, obrigatoriamente, os *comprometam*, primeiro com o que sentem, pensam e percebem e, por fim, com as diferentes formas de sentir, pensar e perceber uma mesma situação.

Já escolhi livros e filmes variados, tipo: *A idade da razão*, de Sartre; *Crime e castigo*, de Dostoievsky; até livros mais recentes como *Ensaios de amor* ou *O sorriso etrusco*; filmes, sempre escolho os atuais, pela facilidade de acesso, ou alguns clássicos que lhes possam interessar.

Minha intenção é mostrar-lhes a realidade psíquica destes personagens, que compõem as histórias, as suas próprias e a comparação possível de todas. Geralmente sinto-me recompensado pelo trabalho, pois, além da discussão teórica e vivencial, já se inicia um entrosamento grupal e um reconhecimento mútuo (eu, residentes).

Daí para a frente, é feita a seleção dos pacientes para atendimento (inicialmente um paciente para cada residente).

Os atendimentos iniciados sempre geram a busca de conhecimentos teóricos que possam explicar o que acontece e que poderiam direcioná-los na ajuda ao paciente.

Esta é uma fase complicada, pois aqui reside uma imensa diferença entre a Psicoterapia e a Psiquiatria Biológica. O conhecimento é de vital importância, mas não pode nem deve tranqüilizar, pois não existem regras gerais para todos os casos, e aqui estamos falando de individualidades e subjetividades. Ou seja, apenas saber sobre Complexo de Édipo não vai fazer ninguém conseguir trabalhar dificuldades de um paciente diante de determinadas relações humanas. O uso das próprias emoções pode revelar-se assustador, no início, mas com o passar do tempo acaba tornando-se um potente instrumento.

Quando se atinge este patamar, os R1 são colocados diante de um novo atendimento, em que as comparações e a percepção de suas facilidades e limitações são freqüentes.

Textos teóricos são introduzidos à medida que se tornam necessários durante o primeiro atendimento. Os textos escolhidos são geralmente simples e ligados a formulações psicanalíticas clássicas (fase de desenvolvimento da libido, fases de desenvolvimento do ego, mecanismos de defesa...). A finalidade desses textos é a de introduzi-los nos conceitos básicos de conhecimento psicodinâmico.

O início do R2 já é um pouco diferente, pois os residentes, neste momento, podem escolher, dentro de um *pool* maior de nomes, o supervisor na *linha* desejada.

O oferecimento do psicodrama é considerado tradicional no serviço, tendo em vista o número de psicodramatistas ligados a ele e o imbricamento da história do serviço e o psicodrama brasileiro.

Quando escolhido, tenho claro que o interesse é associado à relação estabelecida entre os supervisionados e eu, e o conteúdo teórico e técnico voltado para os conceitos e práticas psicodramáticas.

Por outro lado, vários fatores podem influenciar negativamente o trabalho. Um deles está ligado ao fato de que muitos destes residentes não fazem formação em psicoterapia, muito menos em psicodrama, o que, às vezes, dificulta um pouco o trabalho.

Também é interessante notar que os residentes que fazem psicoterapia têm um trabalho diferenciado dos que não se submetem à psicoterapia. Talvez isto se deva não só ao aspecto de modelo que a própria psicoterapia oferece, mas também a um maior contato com seu "mundo interno", provável catalisador da postura, da percepção e do amadurecimento no trabalho.

As questões teóricas suscitadas são resolvidas em leituras esclarecedoras e, dependendo do grupo, mais ou menos clássicas dentro do psicodrama. Muitas vezes, recorro ao uso de dramatizações e *role-playing*, visando ao aprendizado em ação e interligando o teórico ao prático.

Neste momento da residência já é possível o atendimento de grupo. Os residentes atendem, em duplas ou trios, pacientes previamente triados. A experiência de atendimento grupal, usando técnicas e conhecimento psicodramático, revela-se gratificante e enriquecedora na formação do psiquiatra.

A supervisão de R3 não se diferencia muito, em linhas gerais, do trabalho feito com os R2. As discussões, possivelmente, se enriquecem com as vivências e as experiências adquiridas durante os três anos de residência. Além disso, trabalha-se a postura psicodramática, relacional, pois, segundo Silva Filho (1994), "usar o psicodrama como instrumento de trabalho pressupõe uma posição, que deve ser adotada com coerência e responsabilidade", o que só se consegue com experiência e vivência.

Do ser paciente

Nossos pacientes, triados previamente, vêm ou do ambulatório do IPq-HC-FMUSP ou da comunidade.

Nos últimos anos, devido a mudanças da economia nacional, temos sido procurados mais por pacientes de classe média e classe média alta em vez de pacientes mais pobres, como era comum até há alguns anos, muitas vezes, com dificuldades de virem toda semana ao hospital para um tratamento prolongado.

Todos os nossos pacientes têm diagnóstico psiquiátrico, prontuário e seguem o mesmo fluxo que qualquer outro paciente do Hospital das Clínicas. Talvez o que os diferencie é a freqüência às consultas e o contato mais íntimo com as secretárias do serviço. No mais, têm dificuldades de pessoas, ou seja, é gente que sonha, ama, sua, tem família e, por viver tudo isto, sofre e muitas vezes não sabe resolver seus problemas, o que pode causar sintomas ou sinais perturbadores. Aí reside nosso papel de psiquiatras e psicoterapeutas. É onde podemos prestar auxílio.

As ansiedades, depressões, somatizações, conversões e outros sintomas são vistos dentro da dinâmica de cada paciente. Muitas vezes necessitamos da intervenção medicamentosa, o que é feito via ambulatório e outros colegas do Instituto, sem que isto atrapalhe ou dificulte o trabalho psicoterapêutico, mas para facilitá-lo e aliviar o paciente.

Aliás, esta é outra contribuição da Instituição ao trabalho de supervisão, a visão de um trabalho integrado, em equipe, em que todos têm a ganhar, principalmente o paciente.

É claro que nem tudo é maravilhoso. Nossos pacientes têm de enfrentar espera para o atendimento; o horário nem sempre é o mais adequado para ele, mas é o disponível pela Instituição; o residente, por estar envolvido em várias tarefas, às vezes atrasa ou é obrigado a faltar. Todavia, são poucos os que se queixam da qualidade do serviço.

Por fim, acredito que nossos pacientes recebem, via atendimento dos nossos residentes, uma assistência que poucos têm acesso, pois são vistos não só por quem os atende, mas também são supervisionados por profissionais competentes e renomados. Tudo isto sem perder de vista duas características fundamentais e especiais do nosso trabalho: *sigilo* e *ética*.

Conclusão

Ser supervisor é um papel que aprimoro a cada nova turma de residentes que encontro. Não posso dizer que já estou pronto, pois cada novo residente é um desafio a ser enfrentado. Nada diferente de cada novo paciente que me procura, em que o estabelecimento de um clima confortável de trabalho, a conquista do respeito e da confiança se fazem fundamentais.

Nunca perco de vista o paralelo entre o papel de educador e o de psicoterapeuta. Talvez seja a especialidade médica cujas características estejam mais marcadas.

Não evoluo sem meus supervisionados, e é graças a eles que existem reformulações, adequações, resistências e até mesmo desistências. Nem sempre tudo é um mar de rosas, pois existem residentes que estão ali por pura obrigação, sem o menor estímulo ou interesse pelo tipo de atendimento proposto. Aí, sim, reside dificuldade maior para um supervisor, pois também tenho responsabilidade com os pacientes.

Dificuldades à parte, nada é mais gratificante do que o contato com um residente talentoso, sensível, perspicaz e que, após um ou dois anos de supervisão, vai para a sua vida profissional buscando formação ou aperfeiçoamento.

Com isto, penso que vale a pena voltar aos conceitos psicodramáticos introdutórios que, de uma forma ou outra, permearam este texto.

Moreno, o criador do psicodrama, era um homem pragmático, cuja *práxis* era concomitante e coerente com sua teoria (ou o contrário). Vivia e criava segundo sua "crença" de vida: um homem feliz, criativo, afetivo e aberto às novas experiências.

É esta a base de uma supervisão psicodramática, um espaço confortável para se viver experiências novas, sem que sejam ameaçadoras, mas, sim, enriquecedoras para todos: supervisor, residentes e pacientes.

Por fim, além das vivências e das experiências individuais, não posso deixar de valorizar a riqueza do que vem a ser uma supervisão grupal, em que todos formam uma unidade que facilita o aprendizado e democratiza o conhecimento e o saber.

Apesar de favorecer o grupo, não podemos perder de vista a individualidade e a subjetividade tanto do residente quanto do paciente. Isto é psicodrama.

Referências bibliográficas

BUSTOS, D. M. (1979). *Psicoterapia psicodramática*. São Paulo, Brasiliense, p. 33.
MARTÍN, E. G. (1996). *Psicologia do encontro: Moreno*. São Paulo, Ágora, pp. 212, 221.
MORENO, J. L. (1978). *Psicodrama*. 2ª ed., São Paulo, Cultrix, p. 206.
SILVA FILHO, L. A. (1994). "Uma visão holística do psicodrama". In: PETRILLI, S. R. A. *Rosa dos ventos da teoria do psicodrama*. São Paulo, Ágora, p. 122.

Outras leituras recomendadas:
DIAS, V. R. C. S. (1987). *Psicodrama: teoria e prática*. São Paulo, Ágora.
GONÇALVES, C. S.; WOLFF, J. R. e ALMEIDA, W. C. de (1988). *Lições de psicodrama: introdução ao pensamento de J. L. Moreno*. São Paulo, Ágora.
MOCCIO, F.; PAVLOVSKY, E. e BOUQUET, C. M. (1981). *Psicodrama: cuándo y por qué dramatizar*. Madri, Fundamentos.
MORENO, J. L. (1974). *Psicoterapia de grupo e psicodrama*. São Paulo, Mestre Jou.
SOEIRO, A. C. (1995). *Psicodrama e psicoterapia*. São Paulo, Ágora.

9

Psicoterapia psicodinâmica e ciclo vital

Lázaro Gross Scharf

Desenvolvimento e ciclo vital

No *Dicionário Aurélio* encontro a seguinte definição de ciclo vital ou biociclo: "Conjunto de etapas por que passa um determinado ser vivo, normalmente: o nascimento, a infância, a adolescência, a idade adulta, a senilidade e a morte". Ela estaria quase perfeita se o termo "conjunto" fosse substituído por "seqüência", refletiria melhor o que é, de fato, o ciclo vital: seqüência de etapas...

As transformações, que levam o ser humano a passar de uma etapa de desenvolvimento para a seguinte, são de ordem física, cognitiva, social ou emocional (Kaplan, Sadock e Grebb, 1997). Cada etapa do ciclo vital se fecha, geralmente, com uma crise. Ferreira-Santos observa e um paciente já havia me dado esta informação: o ideograma chinês que representa a palavra crise é formado pela combinação pictográfica de "perigo" e "oportunidade". Voltarei a esta questão mais adiante. Por enquanto, irei salientar que o aparecimento da crise assinala que se esgotaram as possibilidades de ocorrerem transformações que seguem determinado padrão e que, a partir deste momento do desenvolvimento, elas deverão ser de outra ordem.

Modelos de desenvolvimento

São conhecidos os modelos de: desenvolvimento cognitivo (Piaget), desenvolvimento motor e adaptativo (Gesell) e desenvolvimento no plano psicodinâmico. Aqui se pretende focalizar apenas os modelos psicodinâmicos. O único que abrange todo o ciclo vital, desde o nascimento até a morte, sem dúvida é o de Erik Erikson. Recorde-se que o modelo de desenvolvimento psicossexual de Freud é formado de cinco etapas, a última das quais — a genital — corresponde à adolescência.

Erikson aceitou e manteve a classificação, introduziu algumas modificações na denominação de Freud às etapas e acrescentou mais três, num total de oito. Davidoff considera que Erikson ampliou a teoria de desenvolvimento de Freud, pois as suas formulações não só acrescentaram etapas como, também, deram realce ao aspecto social, fato que não ocorreu na obra de Freud. Assim, de acordo com Erikson, a personalidade vai se constituindo ao longo de seu ciclo vital, passando por etapas psicossociais. A cada novo estágio há um conflito predominante a enfrentar e resolver. As soluções positivas ou negativas para cada conflito resultarão em saúde ou doença mental, respectivamente. Cada resolução bem-sucedida irá contribuir para as soluções dos conflitos que irão aparecer nos estágios futuros. A saúde mental também pode sofrer oscilações negativas propiciadas por experiências desafortunadas, ainda que ocorram em etapas maduras.

Modelo de desenvolvimento de Erikson

Inicialmente, apresentaremos um quadro que inclui as oito etapas de desenvolvimento que constituem o ciclo vital.

Ordem númerica da etapa	Nome da etapa	Idade em anos	Conflito predominante
1ª	Sensory — Oral	0-1	Trust × Mistrust
2ª	Muscular — Anal	1-3	Autonomy × Shame and Doubt
3ª	Locomotor— Genital	3-5	Iniative × Guilt

4ª	Latency	6-11	Industry × Inferiority
5ª	Puberty and Adolescence	12-20	Ego Identity × Role Confusion
6ª	Young Adulthood	21-40	Intimacy × Isolation
7ª	Adulthood	40-65	Generativity × Stagnation
8ª	Maturity	>65	Ego Integrity × Despair

Descrição sucinta de cada etapa

Gostaria de avisar ao leitor que fiz modificações de duas ordens ao passar a nomear as etapas em português. Usei os nomes atribuídos por Freud às cinco primeiras etapas, mas acrescentei, quando fosse o caso, as denominações dadas a elas por Erikson. Em relação às três últimas etapas — 6ª, 7ª e 8ª — utilizei nomes mais aceitos atualmente do que aqueles que foram conferidos por Erikson.

1ª — Oral-sensorial — 0-1: a criança deve ser atendida em suas necessidades básicas (pela mãe ou substituta). A amamentação: inicialmente por sucção, no final da etapa por meio de mordida. O sono normalmente deve ser profundo e o funcionamento intestinal fácil.

2ª — Anal-muscular — 1-3: auxiliada pela mãe ou substituta, a criança começa a alimentar-se sozinha, a caminhar e a falar. Aquisição de consciência de que ela e outra pessoa são entidades separadas.

3ª — Fálica-locomotora — 3-5: a criança busca a satisfação de sua curiosidade (querer-saber), inclusive a de ordem sexual. Procura espontaneamente exercer atividades motoras, experimentando, assim, o seu potencial. Começa, também, a tomar consciência de que os seus desejos têm limites.

4ª — Latência — 6-11: a criança recebe instrução formal e assim vai se tendo em conta de que sabe fazer certas coisas, de que se desempenha bem em determinadas tarefas. Desenvolve, assim, uma auto-estima positiva.

5ª — Genital (Puberdade e Adolescência) — *12-20*: o adolescente começa a formar a sua identidade: de *gênero, consigo mesmo* (porque sente que existe continuidade e uniformidade no seu interior), *com o seu grupo social* (por meio dos papéis sociais que desempenha: sexuais, escolares e de trabalho).

6ª — Adulto jovem — 21-40: formam-se os laços sociais que se caracterizam pela existência de afeição, compartilhamento e confiança recíproca. Começa a desenvolver relacionamento sexual com uma pessoa adequada à escolha da identidade de gênero efetuada anteriormente.

7ª — *Adulto de meia-idade* — *40-65*: o interesse da pessoa volta-se para a criação dos filhos; se não os tem, para a orientação de jovens da nova geração. O objetivo visado é a busca de um mundo mais satisfatório.

8ª — *Terceira idade* — *65*: é o momento em que é feita a avaliação do que a pessoa conseguiu realizar e o reconhecimento da posição que ela ocupa no ciclo vital.

O conflito que predomina em cada etapa

Examinando os conflitos principais, nas oito etapas, observa-se que Erikson utilizou dois nomes para designar cada conflito: o primeiro refere-se à solução bem-sucedida, o segundo, à solução negativa. Observa-se também uma certa assimetria nos nomes que representam cada um dos conflitos: os termos extremos nem sempre são opostos, ao menos do tipo de oposição esperado. É o caso, por exemplo, de *Initiative* × *Guilt*, em que o oposto de *Initiative* seria *Without Initiative* e o oposto de *Guilt* seria *Innocence*. As exceções quanto a essas assimetrias são:

Trust × Mistrust; Ego Identity × Role Confusion e Intimacy × Isolation

A seguir, apresentarei a tradução (Kaplan e Sadock, 1995) para o português dos termos que representam os conflitos predominantes. Novamente, lanço mão do *Aurélio*, além de utilizar o dicionário apropriado de Marques e Draper, e procurarei dar uma solução adequada às assimetrias observadas na descrição de Erikson.

Obtida a tradução, devo dizer que não fiquei inteiramente satisfeito, já que tive dificuldades em encontrar as palavras que, em português, representassem adequadamente alguns dos termos polares dos conflitos, mas espero ter me feito entender.

Passo a examinar agora a questão da assimetria que se observa na maioria dos termos polares dos conflitos que predominam em cada etapa.

CONFLITOS PREDOMINANTES	
Em inglês	*Em português*
Trust × Mistrust	Confiança Básica × Desconfiança Básica
Autonomy × Shame and Doubt	Autonomia × Vergonha e Dúvida
Initiative × Guilt	Iniciativa × Culpa
Industry × Inferiority	Operosidade × Inferioridade
Ego Identity × Role Confusion	Identidade do Ego × Confusão de Papéis
Intimacy × Isolation	Envolvimento Afetivo × Isolamento
Generativit × Stagnation	Prolificidade × Estagnação
Ego Integrity × Despair	Integralidade do Ego × Desesperança

Para resolver esta questão, ao menos parcialmente, utilizarei um conceito tirado da Análise Semiótica do Discurso (Barros, 1990 e Scharf, 1985 e 1991).

A teoria semiótica diz que os termos que expressam uma oposição semântica sempre devem ser determinados como positivos (indicadores de saúde) ou negativos (indicadores de doença). Além disso, sempre se estabelece um percurso entre os termos, quer do positivo para o negativo, assim como o inverso. Entre os dois deve-se intercalar um termo médio, que negue o primeiro termo do percurso. Razões teórico-práticas justificam este procedimento, mas aqui não é o lugar para expô-las.

Baseado nessas considerações, apresento o modelo de Erikson modificado:

MODELO DE ERIKSON (MODIFICADO)			
Ordem númerica da etapa	*Nome da etapa*	*Idade em anos*	*Conflito predominante*
1ª	Sensorial — Oral	0-1	confiança básica × sem confiança básica × desconfiança básica
2ª	Muscular — Anal	1-3	autonomia × dependência × vergonha e dúvida
3ª	Locomotora — Fálica	3-5	iniciativa × falta de iniciativa × culpa
4ª	Latência	6-11	operosidade × inoperância × inferioridade

93

5ª	Puberdade e Adolescência	12-20	identidade do eu × falta de identidade do eu × confusão de papéis
6ª	Idade Adulta Jovem	21-40	envolvimento afetivo × sem envolvimento afetivo × isolamento
7ª	Idade Adulta Madura	40-65	prolificidade × falta de prolificidade × estagnação
8ª	Terceira Idade	>65	integralidade do eu × falta de integralidade do eu × desesperança

Variação do desempenho de papéis sociais ao longo do desenvolvimento

Eis os papéis sociais que uma pessoa desempenha ao longo do ciclo vital. Baseio-me, mais uma vez, no modelo psicossocial de Erikson e na semiótica.

Etapa	Papel social
1ª	basicamente confiante, não-confiante ou desconfiado
2ª	autônomo, dependente ou envergonhado e indeciso
3ª	ativo, inativo ou culpado
4ª	diligente, improdutivo ou autodepreciativo
5ª	auto-identificável, não-auto-identificável ou desordenado
6ª	afetivamente envolvido, não-envolvido ou solitário
7ª	prolífico, não-prolífico ou estagnado
8ª	completo, incompleto ou desesperançado

Observa-se que existem conflitos entre os diversos papéis psicossociais desempenhados em cada etapa.

Considerações a respeito do modelo de Erikson

Ao longo do ciclo vital, a cada etapa, o ser humano vai adquirindo capacidade para desempenhar novos papéis sociais. Observa-se que o desempenho de determinado papel em uma etapa constitui um pré-requisito indispensável para o desempenho do papel correspondente na etapa seguinte. Por exemplo: é preciso terminar basicamente confiante a primeira etapa para que se adquira autonomia na seguinte. Ou, ainda, tendo terminado a quarta etapa no papel de improdutivo ou de autodepreciativo, uma pessoa terá dificuldade para completar sua autoidentidade na quinta etapa. Outro exemplo: uma pessoa que teve dificuldade para se envolver afetivamente na sexta etapa, com certeza, terá prejuízo para assumir o papel de prolífico na sétima etapa.

Por outro lado, na oitava etapa, fim de linha do ciclo vital, já não há mais novas oportunidades de transformação. Já tem o seu eu inteiro e, se não o tiver, terá poucas possibilidades de consegui-lo de agora em diante. A última etapa contém vestígios dos conflitos que desenvolveram e encontraram soluções, positivas ou negativas, em todas as etapas anteriores.

Examinemos alguns aspectos dos conflitos predominantes, mas sem esgotar o assunto neste trabalho.

Confiança básica × *Desconfiança básica*
A desconfiança é um dos sintomas das psicoses em que há um componente paranóide. Liberman a considera um derivado de fantasias inconscientes, e que o seio, em vez do leite que gratifica, contém venenos corrosivos ou outras substâncias perigosas.

Erikson (1971) observa que a confiança se instala no bebê quando a mãe atende de modo satisfatório às suas necessidades primárias: procurar o mamilo, sugar e ingerir o alimento.

Na semiótica das paixões (Barros, 1990 e Scharf, 1991), a confiança no outro e em si mesmo está presente quando o sujeito deseja um objeto, nada faz para consegui-lo, mas acredita poder contar com outro sujeito (no caso, a mãe ou substituta) no atendimento de sua expectativa.

Autonomia × *Vergonha*
Para Spitz, aos três meses de idade começa um processo de separação psicológica da mãe. Por ocasião do desmame amplia-se este processo levando a uma primeira aquisição de autonomia pelo bebê. A ampliação desta autonomia é decorrência do ganho de autoconfiança e do uso da palavra "não" pela criança. A autonomia continua a se desenvolver e a criança passa a comunicar-se por meio de símbolos verbais que substituem a "atuação", a luta e a fuga.

Liberman considera o sentimento de vergonha como a conseqüência do fracasso do controle de algo que originalmente deveria permanecer guardado em nós e oculto da vista dos outros. Relaciona-se, portanto, à expulsão de fezes na etapa anal, quando este procedimento causa problemas para a criança.

Culpa
Paz (1979) considera o Superego como uma estrutura que se refere aos aspectos estritamente normativos e punitivos. A culpabilidade está relacionada, portanto, com esta estrutura.

Inferioridade ou Autodepreciação
O mesmo autor considera o Ideal do Ego como uma subestrutura que se diferencia no Superego e resulta da internalização dos pais e dos ideais da comunidade a que pertence. O Ideal do Ego é o modelo em que a pessoa se baseia ao avaliar seus próprios atos — Ego Real. O sentimento de inferioridade ou de depreciação está relacionado com uma distância muito grande entre o Ego Real e o Ideal do Ego.

Identidade do eu
Jaspers (1973) considera a identidade do eu (também denominada por ele de continuidade do eu) uma das características formais. Define-a como "aquela que faz que nos sintamos sempre idênticos a nós mesmos".
Erikson (1959), citado por Alonso-Fernandez (1976), atribui à identidade do eu um significado duplo:

1. Concordando com Jaspers, Erikson (1971) considera que o aspecto essencial da identidade pessoal é a continuidade da história individual.
2. Erikson dá grande importância, também, ao aspecto social da identidade do eu, que pode, então, ser entendido como a totalidade dos papéis assumidos na comunidade e graças aos quais ele pode ser identificado pelos outros membros da comunidade.

Também considera a multiplicação do número de papéis que a sociedade determina para uma pessoa como um fator que constitui um obstáculo que a impede de adquirir uma identidade estável e bem delimitada.

Erikson observa que uma debilidade da identidade que era latente na etapa de adolescência poderá manifestar-se na etapa seguinte — idade adulta jovem — no momento em que a pessoa em questão busca estabelecer uma ligação íntima com um parceiro sexual. Esta atividade pode levar o adulto jovem a temer a perda de identidade como resultado desta busca. Ele então adota uma atitude de cautela em face da iminência de um compromisso. Se ele não conseguir resolver este conflito, poderá ser levado ao isolamento.

Transtorno da operosidade
Muitas vezes, a confusão de identidade grave vem associada a um transtorno agudo no sentimento de competência para o trabalho: torna-se difícil concentrar-se em tarefas que lhe foram sugeridas ou exigidas, ou se pode ocupar de modo autodestrutivo de uma atividade apenas, por exemplo, a leitura excessiva.

Para a compreensão deste comportamento, é interessante ter presente que o que precede a adolescência é a etapa latente e a época da escola do primeiro grau. É, portanto, a época de aprendizado dos requisitos necessários para quando for adolescente ou jovem, tendo condições de participar da tecnologia própria de sua cultura. É a oportunidade, então, de desenvolver um sentimento de aptidão e de participação no trabalho.

É importante ter em mente, por outro lado, que a época escolar é aquela que vem logo após a etapa edipiana. O fato de dar passos reais, para encontrar o seu lugar na estrutura econômica da sociedade, permite à criança que ela volte a se identificar com os pais, não tanto como pessoas da família e dotadas de sexualidade, mas como indivíduos que trabalham e que representam a tradição. Assim, a tendência do eu para transformar a passividade em atividade adquire um novo campo de manifestação, superior à mera transformação do passivo em ativo na fantasia e no brinquedo infantil. Pois, agora, a necessidade interior de atividade prática e de um trabalho completo adquire as condições necessárias para atender às exigências e às oportunidades da realidade social.

Apesar disso, tendo em vista os antecedentes edípicos imediatos dos primeiros tempos da formação da identidade relacionada com o trabalho, a atitude dos jovens para com esta atividade volta a ser a mesma que teve anteriormente na etapa em que a competição edípica e a rivalidade entre os irmãos foi intensa.

Da mesma maneira, assim como o corpo luta num combate que nunca tem fim para resistir à sua decadência, o ser humano, para poder permanecer vivo psicologicamente, deve estar sempre voltando a resolver conflitos, os mesmos que parecia ter resolvido em épocas passadas.

Erikson não aceita a afirmação de que o mero fato de estar vivo e não estar doente significa ter saúde. Ele pensa da mesma maneira quando se refere à personalidade e à relação desta com o ciclo vital. Ele vê o desenvolvimento do ser humano a partir do ângulo dos conflitos, tanto interiores como exteriores, que a personalidade vital suporta. De cada crise vital que supera, o ser humano emerge com um sentimento de unidade anterior aumentado, com uma ampliação de sua capacidade de julgar e de fazer as coisas de modo bem-feito, e, concomitantemente, de acordo com os próprios padrões e com os daqueles que são significativos para ele.

O psicoterapeuta e o ciclo vital

O que o psicoterapeuta psicodinâmico procura fazer quando se vê frente a frente com o seu paciente, que está vivendo uma das etapas de seu ciclo vital?

Antes da resposta, considero oportuno registrar aqui a utilidade do conceito de ciclo vital na clínica psiquiátrica do Hospital das Clínicas. De fato, os psicoterapeutas atendem, aqui, a uma população que abrange todas as idades, o ciclo vital completo.

Tentarei responder à pergunta acima: suponhamos que ele encontre um paciente envergonhado e hesitante. Provavelmente ele está vivendo o conflito predominante na segunda etapa do ciclo vital: autonomia *versus* vergonha e dúvida.

Qual é a solução que o paciente está conseguindo para o conflito? A pior: os sentimentos de vergonha e de dúvida. Mas não fica apenas nisso. Ele também deveria e deve estar vivendo o conflito que predomina na sua idade cronológica: 30 anos, idade adulta jovem: envolvimento afetivo *versus* isolamento.

O terapeuta, então, irá focalizar primeiro o conflito mais antigo, requisito necessário para enfrentar o conflito mais novo. Terá de ajudar o paciente a conquistar a autonomia ou livrar-se da dependência depois de superar a vergonha e a dúvida.

Em seguida, terapeuta e paciente farão uma revisão dos conflitos correspondentes às etapas seguintes, como por exemplo: Está havendo iniciativa? Não? Ou tem sido inoperante?

Observa-se, pois, que em qualquer tratamento psicoterápico acontece o mesmo que ao longo do ciclo vital: estamos sempre voltando a viver os conflitos predominantes já vividos, tentando superá-los e, às vezes, sem sucesso. Com certeza, enquanto estivermos vivos, voltaremos a revivê-los.

É interessante observar que a aliança terapêutica — etapa inicial de qualquer psicoterapia — tem uma vinculação clara com a confiança básica, que originalmente deveria se formar para o bebê passar para a segunda etapa do ciclo vital.

Para terminar essas considerações, uma palavra a respeito de crise. Embora tenham pontos em comum, é oportuno distinguir *crise em sentido amplo* e *crise vital*. Em ambas, o psicoterapeuta pode ser chamado a intervir.

A *crise comum* é aquela em que uma pessoa se vê enfrentando um problema, mas não sente que dispõe de meios necessários para isso.

A *crise vital*, especialmente como Erikson (1971) a concebeu, corresponde às exigências e aos obstáculos que uma pessoa encontra quando está no final de uma etapa do ciclo e logo deverá estar entrando em outra.

O terapeuta trabalha ambos os tipos de crise de forma semelhante: detectando o problema e ajudando o paciente a encontrar os meios de resolvê-lo.

Exemplos clínicos

Primeiro caso

N., 24 anos, desempregado, classe social baixa, solteiro.
Veio à entrevista de triagem para Psicoterapia Breve. Na primeira entrevista, mostrou que não preenchia os critérios requeridos para esta modalidade terapêutica. Insistia para que o aceitássemos para tratamento. Estando eu com uma vaga livre, concordei, elegendo a Técnica Expressiva-Suportiva.

N. apresenta praticamente todos os conflitos vitais, tendendo para as soluções negativas com correspondentes nas seis primeiras etapas. Fica a impressão de que tem um pouco de iniciativa, e só. Depois de meses de terapia, em que poucas vezes pude sair do pólo suportivo para o expressivo, começou a apresentar melhora quando passou a fazer, de modo concomitante, tratamento medicamentoso no ambulatório. Vou exemplificar: no plano externo começa a fazer tentativas para voltar a trabalhar, recomeçar os estudos, separa-se de uma mulher com quem se sente sem afinidade e com quem se mantinha ligado de forma dependente, apenas porque ele assim garantia casa para morar.

No momento em que estou redigindo este texto, o principal sintoma de N. é um pensamento com algum caráter obsessivo que oscila em sua freqüência durante o dia. São cenas em que se viu humilhado e que geram nele pensamentos de vingança. Tenho trabalhado com ele a questão de sua identidade mal resolvida, tanto no plano social, incluindo trabalho e estudo, como no plano afetivo.

Segundo caso

B., 50 anos, prendas domésticas, classe média, casada, duas filhas.

Apresentou-se para tratamento poucos meses após o falecimento do pai. Casada com um homem que foi internado várias vezes e tinha um diagnóstico de esquizofrenia. Apresentou, em diversas ocasiões, surtos psicóticos, com ilusões e idéias delirantes persecutórias. Esses surtos tinham poucos dias de duração, raramente foi medicada com antipsicóticos e nunca houve necessidade de ser internada.

Neste texto, desejo ressaltar que apesar de muitas vezes apresentar-se desconfiada em relação às intenções de pessoas do ambiente, isto nunca ocorreu na relação comigo. Revelou-se uma pessoa com soluções positivas para os conflitos correspondentes à maioria das etapas, tanto durante a sessão como em relação a informações recebidas a respeito de seu comportamento exterior. Esforçou-se e teve êxito para conservar e até aumentar o patrimônio, já que o marido ficou sem condições de se manter em qualquer atividade, depois que foi aposentado por doença, pouco tempo após ter se casado. Empenhou-se para que as filhas estudassem e se formassem em curso superior. Começou a desenvolver atividades em artes plásticas com algum sucesso.

Verifiquei que, realmente, a principal dificuldade que B. apresentou foi a incapacidade de se envolver afetivamente. Isto pode se evidenciar nas sessões durante as quais falava bastante e sempre sem olhar para mim. Quando começou a fazê-lo, com uma conversação mais íntima e pessoal, ao se despedir o fazia de modo muito formal: "Até logo, dr. L.". Temia que as pessoas da sala de espera fizessem um mau julgamento de sua pessoa.

O trabalho psicoterápico tem procurado levar o paciente a conseguir uma melhor regulação do conflito: envolvimento afetivo *versus* sem envolvimento afetivo. O terceiro termo do conflito me parece não ser isolamento e sim desconfiança (que aparece, como vimos, no ciclo vital pela primeira vez, na primeira etapa).

Referências bibliográficas

BARROS, D. L. P. de (1990). *Teoria semiótica do texto*. São Paulo, Ática.
DAVIDOFF, L. L. (1983). *Introdução à psicologia*. São Paulo, McGraw-Hill.
ERIKSON, E. H. (1971). *Identidad, juventud y crisis*. Buenos Aires, Paidós e Hormé.
_____. (1959). *Identity and the life circle*. Nova York, Intern. Univ. Pres. In: Alonso-Fernandez, F. (1976). *Fundamentos de la psiquiatria actual*. T.1, 3ª ed., Madri, Paz Montalvo.
FERREIRA, A. B. de H. (1986). *Novo dicionário da língua portuguesa*. 2ª ed., Rio de Janeiro, Nova Fronteira.
FERREIRA SANTOS, E. (1997). *Psicoterapia Breve*. 2ª ed., São Paulo, Ágora.
FREUD, S. (1972). *Três ensaios sobre a teoria da sexualidade* (1905). Rio de Janeiro, Imago (Ed. Standard Brasileira, V. 7).
JASPERS, K. (1973). *Psicopatologia geral* V. 1, Rio de Janeiro, Atheneu.
KAPLAN, H. I. e SADOCK, B. J. (1995). *Comprehensive textbook of psychiatry*. V. 1, 6ª ed., Baltimore, Williams & Wilkins.
KAPLAN, H. I.; SADOCK, B. J. e GREBB, J. A. (1997). *Compêndio de psiquiatria*. 7ª ed., Porto Alegre, Artes Médicas.
LIBERMAN, D. (1996). *La comunicación en terapéutica psicoanalítica*. 2ª ed., Buenos Aires, Eudeba.
MARQUES, A. e DRAPER, D. (1997). *Dicionário inglês-português/português-inglês*. 16ª ed., São Paulo, Ática.
PAZ, J. R. (1979). *Psicopatologia sus fundamentos dinâmicos*. 5ª ed., Buenos Aires, Nueva Visión.

SCHARF, L. G. (1985). "Contribuição para o estudo da linguagem do esquizofrênico, através da análise semiótica do discurso feita segundo A. J. Greimas". São Paulo (Dissertação de Mestrado — USP).

_____. (1991). "Análise da estrutura narrativa do discurso delirante na esquizofrenia paranóide". São Paulo (Tese de Doutorado — USP).

SPITZ, R. A. (1966). *No y Si. La genesis de la comunicación humana*. Buenos Aires, Paidós.

10

A questão do vínculo e psicoterapia de casais

Ricardo Kfouri

O tema em questão está presente no trabalho dos profissionais pertencentes ao Serviço de Psicoterapia do Instituto de Psiquiatria do Hospital das Clínicas da Faculdade de Medicina da Universidade de São Paulo, seja qual for a linha de pensamento teórico, forma ou modalidade de suas atuações.

Na primeira parte deste capítulo, mostro a importância do trabalho com o conceito de vínculo dentro da instituição. A segunda parte consiste da conceituação teórica do vínculo por diversas correntes de pensamento em psicoterapia. A terceira parte, subdividida em duas, aborda a psicoterapia de casais, constando de uma introdução teórica com alguns exemplos de nossa prática no Instituto e, em seguida, uma tentativa de esquematização de tipos de casais baseada na psicopatologia vincular para uma orientação nos encaminhamentos para tratamento em nosso Serviço.

A questão do vínculo e o Serviço de Psicoterapia do IPq

O serviço de psicoterapia, por pertencer a um hospital universitário, possui finalidades didáticas, assistenciais e de pesquisa. Não é meu objetivo descrever seu funcionamento, mas mostrar a importância da abordagem vincular dentro deste serviço. Aos médicos residentes em psiquiatria, no início de suas atividades em psicoterapia, quando são ensinadas as técnicas de entrevista, é dada ênfase à capacidade de fazer vínculos de um paciente. Sua capacidade de vinculação, tanto com as pessoas com quem convive como com o terapeuta, irá nortear a escolha do tipo, da duração e da melhor estratégia para a psicoterapia.

Ao trabalhar com grupos terapêuticos, os profissionais precisam avaliar cada componente, seus vínculos na vida, com os outros componentes do grupo e com o(s) terapeuta(s). Para os pacientes internados nas enfermarias do Instituto são necessários os serviços de profissionais que orientem e atendam a seus familiares e que compreendam os vínculos do paciente com estes. Deste modo, a intervenção de psicoterapeutas e assistentes sociais torna-se fundamental para o êxito do tratamento. Há alguns anos, auxilio e coordeno as assistentes sociais do Instituto para uma compreensão teórica e faço supervisão com ênfase nos vínculos familiares.

O grupo de psicoterapia breve existente no Serviço, quando foi formado, era uma alternativa ao excesso de demanda da população por psicoterapia. Este tipo de abordagem terapêutica baseia-se num vínculo, no caso, transferencial paciente-terapeuta. O mesmo ocorre com o grupo de estudos, ensino e atendimento em sexualidade humana — Prosex —, cujo tratamento também é fundamentado em psicoterapia breve e tematizada.

O conceito de vínculo

A teoria do vínculo nos é mostrada por diversos autores das mais variadas linhas de pensamento em psicoterapia. Não é minha pretensão falar sobre todos, mas, sim, daqueles que se ocupam diretamente com os aspectos teóricos, com influência na prática dos profissionais do Serviço.

Dentro do referencial psicodramático, Bustos (1990) nos mostra conceitos, muitas vezes complexos, de forma organizada e de fácil compreensão. Para o autor, vínculo vem a ser uma noção operativa, sendo que o conceito de "eu" e "psiquismo" são especulações formuladas a partir do vínculo. Produzem-se por mutualidade, mas os membros não se escolhem mutuamente por paridade de força; se A escolhe B em primeiro lugar, B pode preceder à escolha de A de outras opções mais fortes. O vínculo se dará com mais intensidade em A do que em B, que comandará o vínculo e com maiores condições de segurança do que A. Nos vínculos terapêuticos, é comum o paciente ocupar a posição de A — em nossa instituição, o terapeuta, apesar de não ser pago ou escolhido, tem outros pacientes e, muitas vezes, é somente nele que se deposita a confiança.

Por sua natureza dinâmica, alguém frágil e dependente num vínculo pode ser forte e seguro em outro. A forma de vinculação de alguém em suas primeiras relações pode predispor a uma atuação mais ou menos constante e fixa.

Qualquer afirmação sobre alguém deverá ser feita a partir de qual vínculo considerado. Por exemplo: homens seguros deixam de sê-lo quando mudam de par. Os vínculos tendem à dinâmica compensatória: se A é ativo, B assume a passividade. Como conseqüência é comum a delegação (projeção) ao outro da resposta que cada um sente ao estímulo deste outro. Tido como algo normal, na realidade, é uma grande deformação vincular. Por exemplo: "Você me deixa impotente", frase comum ouvida no atendimento a casais quando o correto seria "Sintome impotente quando me relaciono com você". No primeiro caso, delega-se; no outro, admite-se a responsabilidade sobre as suas respostas. Estas respostas variam da hiperplastia, isto é, resposta ajustada ao estímulo às camaleônicas, segundo Bustos, fixas, rígidas, independentes do outro e correspondem às caracteropatias.

O autor também correlaciona vínculo à teoria dos papéis, uma das colunas teóricas do psicodrama. Ele nos diz que toda interação se exerce através de um papel. Os vínculos, sendo unidades de interação, têm os papéis como pólos individuais desta interação. Por exemplo: numa interação de casal, os papéis são os dois pólos: homem (marido ou esposo etc.) e mulher (esposa ou companheira etc.). Uma terapia que leve em conta o vínculo estuda a estrutura da interação terapeuta-paciente com os diferentes papéis que se atribuem. Os papéis possuem características transitórias e cada indivíduo pode desempenhar diversos papéis. É por intermédio deles que podemos tipificar os vínculos. São eles: os *simétricos*, de igual responsabilidade, usando-se uma palavra para nomeá-los como amigos, amantes etc.; os *assimétricos*, em que é necessário nomear seus componentes como pai/filho, professor/aluno etc.; e os *simbióticos*, quando não há consciência do vínculo, diferenciação ou separação; cada componente porta-se como parte de um todo ou fantasia de ser parte do outro, como nas paixões intensas.

Ainda no referencial psicodramático, Fonseca Filho (1980) correlaciona as idéias de Moreno com Buber, estudioso das relações vinculares por meio da filosofia dialógica (relação Eu-Tu) e do conceito de "Encontro". Seu trabalho merece ser conhecido por aqueles que usam o psicodrama e a filosofia existencial como fundamento e prática, situando o homem como ser eminentemente dialógico, e que o ser humano não pode ser entendido como um "Eu" se a "participação" for omitida.

Pichon-Rivière (1988) foi o psicanalista que compreendeu a importância e elaborou uma teoria para o vínculo, em seu referencial teórico, dando um salto de qualidade de uma teoria da psicanálise predominantemente intrapsíquica para uma psiquiatria social. Concebe o indivíduo como resultante dinâmico-mecanicista, não dos instintos e dos objetos interiorizados, mas um "interjogo entre o sujeito e os objetos internos e externos em predominante relação de interação dialética e expressando-se em certas condutas". Desenvolve uma psiquiatria centrada no estudo das relações interpessoais denominada psiquiatria do vínculo, construída em bases psicanalíticas. O vínculo, deste modo, é concebido como uma estrutura dinâmica em contínuo movimento, englobando o sujeito e o objeto, estrutura esta com características consideradas normais ou alteradas (patológicas). Retira-se do psicanalista a postura fixa e colocam-no comprometido em sua relação terapêutica com o paciente. Existe uma unidade dialética terapeuta/paciente, um atuando sobre o outro. Considera-se um vínculo normal aquele que se estabelece entre sujeito e um objeto, ambos com possibilidade de escolha livre por haver diferenciação entre eles. O vínculo se expressa em dois campos psicológicos: o *vínculo interno*, ocupação da psicanálise, é condicionante de muitos aspectos externos e visíveis da conduta do sujeito e torna mais compreensível o seu caráter; o *vínculo externo* é preocupação da psicologia social.

O autor reescreve os conceitos já consagrados na teoria psicanalítica e tece considerações sobre o vínculo dos pacientes psicóticos. Uma leitura mais atenta em seus escritos permite fazermos correlações com o psicodrama.

Psicoterapia de casais

Conseqüência da teoria do vínculo, alguns autores denominam os profissionais que trabalham com casais de "terapeutas do vínculo". Moreno, criador do psicodrama, já em 1921, por ocasião da fundação do Teatro da Espontaneidade, descobre a ação terapêutica da dramatização abordando pela primeira vez o vínculo de casal com o célebre "caso Bárbara" (Fonseca Filho, 1980). La Laina Jr. (1981), em trabalho com enfoque na dinâmica de interação bipessoal de Moreno, passando por Laing e Cooper, e em aspectos da teoria da comunicação humana, nos mostra aspectos importantes na vivência do papel de terapeuta no trabalho com casais. A importância do trabalho com casais surge da observação da reação dos cônjuges dos pacientes diante da psicoterapia destes; das reações de pais de adolescentes em tratamento, e eu acrescento uma observação muito comum em nossa instituição, que são as reações de pais e cônjuges de pacientes quando internados ou fazendo tratamento psiquiátrico ambulatorial. Segundo La Laina Jr., uma pessoa casada é aquela comprometida num vínculo afetivo-sexual e com uma expectativa de duração desse vínculo. Qualquer que seja a expectativa, uma pessoa que está em psicoterapia questiona seu vínculo com seu companheiro. Nesta visão, a psicoterapia individual também é um excelente campo para observação das relações diádicas.

Os efeitos diretos de uma psicoterapia individual sobre uma relação e, como conseqüência, a importância da psicoterapia de casal são: 1) a expectativa de "modificar o parceiro"; 2) quanto a sintomatologia inicial encobre a angústia do conflito relacional inconsciente com o parceiro; 3) quanto o paciente participa ou mantém a formação dessa sintomatologia, embora se queixe dela. A conservação dos sintomas é homeostática para a relação; 4) o aprofundamento do autoconhecimento do indivíduo costuma questionar qualquer relação compromissada. Os efeitos acima nos levam a algumas observações, podendo ser indicativas de uma abordagem do vínculo de casal: a) o ganho de autonomia, que impede a atuação do outro em sua individualidade; b) descoberta de uma relação baseada em situações transferenciais, podendo ocorrer o rompimento; c) fatores externos ao vínculo estimulando uma ruptura; e d) encontro de novas formas de relacionamento e reorganização do vínculo. É importante notar que o terapeuta não tem a possibilidade de intervenção direta nesses relacionamentos.

Alguém que se proponha ser terapeuta do vínculo estará envolvido em dilemas que acompanham sua atuação. Estará a serviço dos indivíduos ou da relação? Tal dilema é tanto maior quanto mais divergentes forem as expectativas e as ansiedades do casal. Como se dá a contratransferência? Qual elemento da díade mobiliza mais os próprios conteúdos do terapeuta quanto às suas relações atuais ou pregressas? Devemos lembrar que a terapia da díade é pelo menos uma relação triangular.

Com uma abordagem sistêmica, Withaker (1995) mostra uma visão interessante das funções do casal. Ilustro seus escritos com exemplos extraídos de meu atendimento no Serviço. O autor nos diz que, do ponto de vista biológico, o ser humano é um deficiente: sozinho não existe a possibilidade de continuação temporal — é excluído. Se é um homem, não tem seios, vagina, não pode reproduzir, sendo esta a base funcional do desejo de um pelo outro; à parte o instinto de reprodução, o homem percebe-se um ser incompleto, faltando componentes de uma necessidade biológica; percebe-se um indivíduo no qual falta algo. Define o casamento como um modelo adulto de intimidade, "espécie de união e separação que faz parte do modelo adulto de nossa estrutura"; tem as mesmas qualidades que um vínculo mais amplo mãe/filho, relação de amizade, sócios e até de inimigos.

Se levarmos em conta que um casamento constitui um conjunto de normas e regulamentos precisos, poderemos descrever várias formas de as pessoas se unirem e considerarem seu vínculo de casal. Existem aqueles que encaram o casamento como um projeto de relações públicas. Atendi a um casal, no Prosex, em que a mulher se mostrava irritada, arredia ao relacionamento sexual com o marido que, por sua vez, tinha ejaculação precoce. Ela mostrava-se pouco disponível e o punia com vários dias de abstinência sexual, contribuindo para a piora dos sintomas. Ela dizia que sua atitude se devia ao fato de, tempos atrás, a dona do apartamento onde moravam tê-lo assediado sexualmente e este "não recusou de forma clara". Deste modo, usava o sexo (ou melhor, a falta dele) como ameaça e dizia saber que ele não a abandonaria. O marido mostrava outra forma de encarar o casamento: um exercício constante de cortesia e de boas maneiras. Agia como se me pedisse para torná-la menos hostil, "mais boazinha" em suas tentativas de melhorar a performance..Durante o ato sexual ele dizia: "Está melhor assim? Você está gostando? Posso mudar a posição?". Sem qualquer intuito de compreender ou interpretar, eis uma ótima receita para transtornar um companheiro.

Existe, também, segundo Whitaker, alguns outros tipos comuns de casamento. Um dos mais simples é o de *companheiros* (grifo do autor), bons amigos, que vivem a uma boa distância, mas casados.

Como sócios, ninguém dirige o negócio. Cada um fica com sua metade, não vendendo ainda que pequena parte ao outro.

Segundo o autor, citando Margareth Mead, existem dois tipos de casamento: o primeiro é o legalmente permitido, com etapas já previsíveis; tira-se uma licença, faz-se o controle de gravidez e, portanto, não há filhos. Depois, o contrato é renegociado e eles podem ter filhos quando quiserem. O outro é baseado numa adoção bilateral, quando uma das partes resolve *tratar e cuidar* (grifo meu) da outra e formalizam a união.

Um exemplo ilustrativo foi o de uma mulher de trinta anos, dependente de drogas pesadas, e que procurou nosso serviço de pronto atendimento no ambulatório. Além da busca de tratamento para a drogadição, contou-me sobre a tragédia em que seu casamento se transformara: vivendo por muitos anos na Europa, passando por diferentes tipos de vivências, relacionamentos e atividades profissionais, acabou casando-se com um jovem chileno de sua faixa etária e cujo histórico familiar foi marcado por perseguições políticas no período da ditadura militar. O marido, de sólida formação intelectual, era pouco afeito aos problemas do cotidiano. Dizendo ser muito pacato, até mesmo antes do casamento, era incapaz de expressar sentimentos e atitudes agressivas. Após as entrevistas iniciais, fiz proposta de atender ao casal por estarem mobilizados para entender o motivo de tanta briga, "uma batalha". O atendimento não chegou ao final, e o motivo apareceu no transcorrer das sessões realizadas. Ela o adotou para ser seu médico e protetor contra as "besteiras" (expressão da paciente) que fazia quando estava drogada. Ele a adotou para ser sua instrutora, que o introduziria na realidade da vida. Logo, como ficou evidente, as grandes brigas que um casamento nestas bases propicia, com impossibilidade de comparecer às sessões, cansados que estavam por noites em que ela tentava, a qualquer preço, obter as drogas e ele tentava impedi-la, nesta seqüência: argumentação, dissuasão, contenção física e, por fim, agressão. Com muita propriedade, o autor chama esta união de pseudoterapêutica bilateral. Grande parte dos casamentos acaba sendo assim.

Como menção, existe o casamento do tipo homossexual, com base relacional competitiva, mesmo sendo de sexos diferentes; o perverso, sendo os mais comuns aqueles sem sexo ou sem agressividade, comuns em qualquer casamento; o tipo de relação extraconjugal em que o sexo é a única comunicação entre os dois, estando eles ausentes em outros lugares e outros momentos, e somente de vez em quando unem seus corpos.

O trabalho de Vargas (1981), no referencial da psicologia analítica, merece ser levado em conta por aqueles que se dedicam ao atendimento a casais, independentemente da linha seguida. Embasado na tipologia psicológica de Jung, o autor afirma: "Os tipos psicológicos encerram uma perspectiva potencial herdada, sobre a qual todo um conjunto de causas externas vai atuar desenvolvendo uma dinâmica extremamente rica e variável". Entre as causas externas cita a cultura, as relações primárias e o mundo em que cada um se criou. Tais fatores são permeados pela dinâmica vincular, ou a têm como pano de fundo. Ao observar o relato de certas situações problemáticas da vida conjugal, já se pode prever a continuidade de certas queixas ou discussões e, do mesmo modo, as justificativas e queixas correspondentes às do outro membro do casal. Podemos chamar esta postura, também, como a de um terapeuta do vínculo.

A psicopatologia do vínculo

Sem pretensão de esgotar o tema, tão extenso quanto as correntes de pensamento existentes, mas, sim, mostrar uma forma de classificação, recorro à proposta por Bustos (1990), que caracteriza os diferentes tipos de vínculos de casal, pelo menos os mais comuns, e que procuram ou são encaminhados para avaliação ou tratamento, caso haja indicação. Os tipos aqui mostrados são puros, sendo que a prática nos mostra os casais como uma mescla deles, com predominância de um destes listados.

Espelho — Existe pouca consciência do vínculo, cada um se vê sem que deixe espaço para o outro. Pode ocorrer em diversos graus, sendo a maior distorção quando cada um se encastela no próprio mundo, sem cuidados e consideração pelo outro, que só aparece como prolongamento de si mesmo. É o inverso do vínculo simbiótico. Uma variação é o só existir como satisfação de suas próprias necessidades. Tenho recebido vários casais da área médica com este tipo de vínculo.

Duplo — Formam um todo indivisível, um denunciando a presença do outro, uma fantasia de alimentação ininterrupta. Seu aspecto normal ocorre nos períodos de paixão; sua manutenção permanente leva à fantasia de um ser único, sem ambições, e uma sexualidade normalmente morna, sem desejos. O comportamento lembra o de pessoas velhas, sem ter idade para tal. Em nosso Serviço nos são encaminhados casais com esse tipo de vínculo, ocorrendo quando um deles, padecendo de doença mental grave, encontra-se num momento fora de crise aguda. Não ocorrendo uma doença, atribui-se ao outro uma deficiência que justifique a relação. Apesar de não haver indicação formal de terapia de casal, pois falta o desejo de mudança, tenho feito, em caráter experimental, alguns atendimentos com uma postura mais diretiva mas ainda sem avaliação da eficácia.

Antropofagia — Variação do duplo mas com a aparência contrária, brigam por toda e qualquer coisa, mas não podem e, no fundo, não querem se separar. O casal citado como exemplo da adoção bilateral é um caso ilustrativo.

Desconfiança — Sempre em posição de guarda, à espera de algo que o outro irá fazer. O mais suspeito é o que parece mais inocente. O papel pode ser assumido por ambos, alternadamente, ou por um deles de forma fixa. A tensão é forte e quanto mais racionalizada, mais difícil é a abordagem, porém com boas chances de manutenção do vínculo. Nascido da negação da necessidade do amor, o comportamento do casal faz lembrar um duelo de pistoleiros. O exemplo mostrado do casamento como projeto de relações públicas tem vários aspectos do vínculo de desconfiança.

Vínculo de descarga — Impulsividade com objetivo somente de descarregar tensões, sem que gere ações construtivas. Buscando uma catarse a qualquer preço, as ações, muitas vezes, têm pouca compreensibilidade e as palavras carecem de conteúdo. Não há normas ou acordos que sinalizem uma conduta. A sexualidade geralmente é preservada e realizada com a função de alívio das tensões. Vínculo de vida curta, a separação evita males maiores e a traição é um derivativo possível para a tentativa de preservação. A psicoterapia do casal é uma indicação adequada. Normalmente, recebo encaminhamentos quando um deles já se encontra em psicoterapia individual.

Sofrimento e culpa — Face depressiva do vínculo, o sofrimento substitui o prazer. O poder está com quem mais sofre. Qualquer fato é transformado em desgraça sem motivo para tal. Quando ambos assumem o papel, a causa do sofrimento pode ser jogada para os filhos, chefes, pais etc. A relação lembra um eterno tribunal com o sofredor vivendo o papel de vítima e promotor, restando ao outro o de réu e advogado de defesa. O juiz, geralmente a vítima, ao perdoar, lhe rende futuras reprovações e, ao castigar, pode, por exemplo, impor abstinência sexual. Raiz dos conflitos e dos vínculos desgastados, o sofrimento e a culpa estão presentes em diversas gradações nos casais em terapia.

Controle — É o mundo da norma, da previsão, da ordenação e de certa segurança. Cada membro conhece as regras e as conseqüências das transgressões. Se houver margem para reformulações e questionamentos, pode se solidificar um projeto comum. Se a norma tornar-se inquestionável, o "ter de" substituindo o "querer", instala-se a tirania com a necessidade da obediência. A vontade e o desejo são substituídos por dependência, passividade e paternalismo, podendo mostrar uma face pseudo-autônoma. Os casais com um ou ambos os componentes obsessivos, e aqueles com crenças religiosas rígidas, são os que comumente apresentam este padrão.

Atores — O histrionismo é a pauta, um espetáculo a que se assiste sem participar. Como o importante é a "performance", os sentimentos se ocultam; o que vale é captar as expectativas do outro e do "público". O homem do exemplo do casal com vínculo tipo projeto de relações públicas e desconfiança é ilustrativo deste papel: além do "cavalheiro durante a relação sexual" já referido anteriormente, no decorrer do processo de terapia mostrou o mesmo comportamento com as figuras femininas de sua vida (mãe e irmãs), com o *gentleman* ocultando a raiva e o sentimento de quem era dominado por elas.

Referências bibliográficas

BUSTOS, D. (1990). *Perigo, amor à vista: drama e psicodrama de casais*. São Paulo, Aleph.
FONSECA FILHO, J. S. (1980). *Psicodrama da loucura: correlações entre Buber e Moreno*. São Paulo, Ágora.
LA LAINA Jr., D. (1981). Interdrama, a intersubjetividade num enfoque psicodramático comunicacional — trabalho apresentado à SOPSP para credenciamento como terapeuta de aluno. São Paulo.
PICHON-RIVIÈRE, H. (1988). *Teoria do vínculo*. São Paulo, Martins Fontes.
VARGAS, N. S. (1981). "A importância dos tipos psicológicos na terapia de casal". São Paulo (Dissertação de mestrado — FMUSP).
WHITAKER, C. A. (1995). "As funções do casal". In: ANDOLFI, M., ANGELO, C., SACCU, C. (orgs.). *O casal em crise*. São Paulo, Summus.

11

Terapia sexual — de grupo, tematizada e de tempo limitado — no hospital psiquiátrico

Carmita Helena Najjar Abdo

Não há como dissociar sexualidade humana e organização do psiquismo: uma desempenha papel estruturante em relação à outra e vice-versa. Dessa associação decorre que (Ramadam e Abdo, 1997):

1. a sexualidade ultrapassa os limites da anatomia e da fisiologia;
2. ereção e potência não são fenômenos equivalentes;
3. impotência não se resume à falha mecânica ou vascular;
4. incapacidade feminina para o orgasmo não é apenas falta ou deficiência hormonal;
5. satisfação sexual não é equivalente de coito ou de ejaculação;
6. a sexualidade é o mais importante pólo estruturante da identidade e da personalidade;
7. o desempenho sexual depende da anatomia e da fisiologia, mas, sobretudo, da integração entre o biológico, o psicológico e o social.

A epidemia da Aids — tantas vezes mencionada como reflexo da atividade sexual deste fim de século —, conferindo a si o caráter de doença sistêmica, corrobora as assertivas acima enunciadas.
Desta feita, e contrastando com a quase discreta gonorréia (antiga ameaça, controlada hoje pela Medicina), a imunodeficiência adquirida veio confirmar que é ultrapassado entender a sexualidade humana por meio de sua conotação meramente genital.

Impondo-se como doença que não privilegia esta ou aquela parte do indivíduo, a Aids nos obriga a pensar ser o sexo tão mais amplo que se confunde com a própria pessoa e seus laços; laços estes que energizam e impulsionam, no sentido da vida ou da morte, da realização ou da ruína.

Breve histórico

Coube a Freud (1972) o mérito de revelar a existência da sexualidade infantil (distinguindo, assim, sexualidade de genitalidade), descrever as fases do desenvolvimento da libido e valorizar os elementos sexuais na origem de neuroses, psicoses e perversões. Chegou, inclusive, a considerar a polêmica definição do que é simples variação da resposta sexual (normal) ou patologia sexual, mas não se ocupou diretamente das disfunções sexuais, o que foi objeto da atenção de seus seguidores.

Algumas décadas mais tarde, Kinsey *et. al.* (1948), biólogo americano, publicaria dois relatórios — respectivamente, sobre o comportamento sexual do homem e da mulher norte-americanos —, resultado de respostas inusitadas a milhares de questionários, o que viria a surpreender a opinião pública e os estudiosos do assunto.

No final dos anos 60, "a tentativa de aprisionar o prazer sexual dentro de uma 'objetividade científica' deu fortuna e notoriedade ao casal Masters & Johnson que preconizava uma 'terapêutica sexual' baseada em escores de desempenho e, sobretudo, em exercícios de diferentes posições para o coito" (Ramadam e Abdo, 1997, p. 23).

Na primeira metade da década de 70, Helen Kaplan (1974) lançou uma proposta de terapia para disfunções sexuais, a qual combinava prescrição de experiências sexuais mais psicoterapia, e cujos objetivos se dirigiram ao alívio do sintoma sexual.

Contemporâneo de Freud, Moreno (1975) — o criador do Psicodrama — muito pouco escreveu sobre sexo, especificamente. No entanto, foi categórico na definição de que o desenvolvimento de um ser humano é função da presença de outro.

Os pilares da teoria psicodramática — *espontaneidade, criatividade, matriz de identidade, relação, ação, corpo* — são, coincidentemente, os alicerces da sexualidade, como a conhecemos hoje.

Detenhamo-nos, então, a refletir sobre eles e a alinhavar o nosso raciocínio, no sentido de demonstrar como Moreno fala de sexo.

Na concepção moreniana, o homem é um "ser em relação" (Moreno, 1975) que nasce com predisposição para o *vínculo*, do que depende para estruturar sua personalidade. E o sexo é uma modalidade de relacionamento do indivíduo consigo mesmo e com o outro.

A estruturação da personalidade se faz tanto mais saudável quanto mais espontâneo for o sujeito que, atingindo o grau máximo da espontaneidade, chega à criação, um ato parcial, do qual podem originar outros e outros.

Para Moreno (1975), a espontaneidade (fator e) depende da herança e do ambiente, emergindo, assim, do indivíduo, mas modificando-se pelas relações estabelecidas por ele.

Quando a espontaneidade é substituída por respostas fechadas que se repetem, a pessoa passa a se relacionar mediante conservas culturais. Estas conservas devem apenas nortear o início da ação. Mas "a espontaneidade e a conserva cultural não existem em forma pura: uma é função e parasita da outra" (Moreno, 1975, p. 156).

O ato de nascer é o primeiro ato espontâneo e criador, compartilhado, integrando esforços do bebê e da mãe.

Ao nascer, o indivíduo chega à *Matriz de Identidade*, "placenta social", que o alimentará e oferecerá bases para o seu desenvolvimento emocional e de sua personalidade como um todo.

No Primeiro Universo, período que transcorre desde o nascimento até a época em que a criança diferencia o real do imaginário (aos três anos de idade, aproximadamente), a Matriz de Identidade desenvolve três das suas cinco fases:

1ª) *fase do duplo* (caos indiferenciado) — quando a criança vivencia o outro como uma extensão de si;
2ª) a criança estranha parte do outro;
3ª) *fase do espelho*: a criança separa o que é dela do que não é.

É importante relembrar, aqui, alguns conceitos:
1) *Papel*: primeira e menor unidade cultural de conduta, mediante o que se dá a interação (Moreno, 1975). Por intermédio dos papéis, a personalidade se comunica com o meio.

A aquisição de qualquer papel, inclusive o sexual, se compõe de três etapas: *role-taking* (tomada de papel); *role-playing* (jogo de papel); *role-creating* (criando sobre o papel).

Em linhas gerais, *role-taking* significa assumir uma identidade sexual; *role-playing* pode se manifestar pela masturbação com fantasias.

2) *Tele*: é o conjunto de sentimentos e percepções que se dá entre pessoas e que pode ser observado por terceiros.

Retomando o Primeiro Universo: neste estágio, a tele se apresenta em *identidade total* (tudo é experienciado como unidade indiferenciada) e depois, em *identidade total diferenciada* (início da diferenciação da criança com pessoas, objetos, animais que a cercam).

A entrada da criança no Segundo Universo ocorre quando ela passa a distinguir fantasia de realidade (aos três ou quatro anos de idade). Este é o terceiro tempo da tele: *brecha entre fantasia e realidade*. A Matriz de Identidade, então, tem seqüência através da quarta fase (quando a criança joga o papel do outro com objetos) e da quinta fase (de inversão de papéis).

A Matriz de Identidade embasa o desempenho de papéis, bem como os processos de identificação, projeção, transferência e imitação (Moreno, 1975). Ela se mantém "internalizada" no indivíduo, determinando se é télico ou transferencial o caráter de suas relações.

Moreno não se ocupou da sexualidade conferindo-lhe capítulos especiais, porém fez dela mais que pano de fundo de sua obra. Em algumas oportunidades, referiu-se ao tema de forma direta, como em seu livro *Psicodrama*, seção VI ("O psicodrama e a psicopatologia das relações interpessoais"), em que há um capítulo sobre "O processo de aquecimento preparatório no ato sexual":

(...) No ato sexual, por exemplo, os mecanismos de iniciar e concluir as fases preparatórias revelam uma dinâmica interpessoal típica. A atitude sexual pode se desenvolver de um modo demasiado fraco num parceiro ou noutro. Pode ter uma duração mais limitada num do que no outro. (...) É vantajoso encarar o ato sexual como uma situação psicodramática em que dois atores estão empenhados. Os dois atores podem diferir na rapidez do aquecimento preparatório, antes e durante o ato. Podem ser guiados por percepções conflitantes do que é um comportamento apropriado ou inapropriado. O processo de aquecimento preparatório no ato é acompanhado de imagens, auxiliares, especialmente visuais, auditivas e motoras. (...) Porém, quando o desempenho não é adequado e o processo de aquecimento preparatório é deficitário, emergem, então, imagens auxiliares de todas as categorias no ato sexual, como se tentassem acudir em sua ajuda. As imagens expressam, com freqüência, pânico, dor, padrões visuais e táteis de experiências latentes. A sua inconseqüência com a situação real pode produzir o efeito oposto, um ato sexual dividido, uma separação dos dois amantes, a respeito do propósito comum e um desfecho insatisfatório. Muitos casos de impotência sexual são devidos ao surgimento prematuro de imagens auxiliares de tipo inadequado, à ausência de imagens fortes e adequadas no momento oportuno ou à abundância de imagens inconfortáveis numa crise (...).

Moreno, 1975, pp. 261-2.

Outras vezes, Moreno fala de temas correlatos, como neste mesmo livro, na seção VIII ("Sociodrama"), quando dedica um longo capítulo ao "Tratamento psicodramático de problemas conjugais".

Na introdução desse capítulo lemos: "Se o amor deve começar e é preciso contrair matrimônio, por que não iniciá-los de acordo com todas as máximas da espontaneidade autêntica por ambas as partes? E se devem terminar, por que não pôr-lhes fim de um modo que seja tão digno quanto humano?".

E mais adiante:

A concretização de uma situação matrimonial não só precipita novos papéis para os parceiros conjugais, mas debilita ou intensifica papéis já estabelecidos entre eles, por exemplo, o papel de amante. A situação matrimonial e seus papéis conseqüentes provocam novas satisfações ou acarretam novos atritos. Portanto, alguns dos desequilíbrios que existiam no estado pré-marital desaparecem e novos desequilíbrios emergem.

Moreno, 1975, pp. 386-406.

No que tange ao tema "sexo", Moreno conseguiu intérpretes e continuadores, dos quais, para compor este texto, elegemos dois.

Um deles, Fonseca Filho (1992), propõe uma interpretação da teoria de desenvolvimento baseada em Moreno e Buber, focada, então, na sexualidade. O esquema da Matriz de Identidade fica, desta feita, assim constituído:

- 1ª fase: *indiferenciação sexual* (início do Primeiro Universo) — a criança não sabe se pertence ao sexo feminino ou masculino.
- 2ª fase: *simbiose* — quando a criança começa a discriminar o eu do tu. Sexualmente, começa a discriminar relações afetivo-sexuais (amor/rejeição; prazer/dor; relação/separação...) que guiarão suas eleições no futuro. Esta é a *fase do duplo*.
- 3ª fase: *reconhecimento do EU sexual (fase do espelho)* — consciência dos genitais e da identidade sexual; masturbação (o Eu "transa" com o Eu). Sempre que grandes alterações

psicofísicas acontecem (puberdade, terceira idade), o reconhecimento do eu é retomado.
- 4ª fase: *reconhecimento do TU sexual* — descobrimento do corpo do outro, diferenças e semelhanças de gênero feminino e masculino. A internalização da figura do sexo oposto determinará as futuras escolhas dos parceiros sexuais. Na puberdade, interesse sexual definido (fantasias, "ficar", primeiras experiências sexuais).
  Na segunda, terceira e quarta fases forma-se a identidade existencial, sexual e relacional do sujeito.
- 5ª fase: *relações em corredor* (início do Segundo Universo) — começa a distinção entre fantasia e realidade, estabelecem-se relacionamentos exclusivistas. Na idade adulta, esta etapa surge na paixão e na proposta de um companheiro que seja tudo, por toda a vida. Às vezes, o limite entre exclusividade, posse e obsessão (entre os amantes) é tênue.
  A paixão, por sua vez, pode ser saudável (*télica*; exaltação à vida) ou doentia (*transferencial*; exaltação à morte). Na paixão transferencial, anseios não resolvidos no passado são "depositados" no novo companheiro que passa a ser um "TU redentor" (por persistência de vínculos repressivos).
- 6ª fase: *pré-inversão ou jogar o papel do outro* — início do processo de inversão de papéis (ainda sem reciprocidade). O "outro" é uma criação do indivíduo que interpreta seu papel e o do outro, na fantasia. Jogar o papel do "outro" é um treino (*role-playing*) para aprender seu papel sexual e o respectivo complementar.
- 7ª fase: *triangulação* — quando se formam as bases da comparação — competição. A criança compete com o adulto (pai ou mãe) e, embora sem possibilidade de vitória, aprende o seu lugar. Na adolescência, a triangulação se expande para o social (comparação — competição com o outro).
- 8ª fase: *circularização* — "rodinhas" de conversa sobre sexo e confidências a amigos ("sexo circularizado"), sexo grupal.
- 9ª fase: *inversão de papéis* — significa capacidade para estabelecer relações de reciprocidade e mutualidade (ser homem e ser mulher, através da "apreensão" do outro).

- 10ª fase: *encontro* — plena capacidade para inversão de papéis; quanto mais telicamente sexual a relação, mais possível o encontro.
- 11ª fase: *revitalização da identidade pós-encontro*.

Outro autor que se fundamentou em Moreno, para escrever sobre sexo, foi Perazzo (1995), para quem a noção de Matriz de Identidade permeia o desenvolvimento sexual, conforme passaremos a descrever.

Na primeira fase da Matriz, no recém-nascido, a zona precursora de papéis ligados à sexualidade é estabelecida mediante o contato da pele da criança com a pele de quem cuida dela (geralmente a mãe). Este contato permite a interiorização do conforto (afeição) e do desconforto originados pela proximidade física. Simultaneamente, o bebê alivia suas tensões, por intermédio da catarse somática, pelo ato de mamar, defecar, urinar, o que, no futuro, terá um correspondente sexual no orgasmo. Neste momento, entretanto, tudo se passa ainda sem conotação genital, pela imaturidade biológica da criança.

Quando a criança passa do Primeiro para o Segundo Universo, ou seja, do "mundo de sensações" para o reconhecimento do eu e do tu, começam a se formar os papéis sociais e imaginários. Assim, ela passa a experienciar a presença e a ausência (solidão) da mãe (TU) e a incorporar a *afeição*.

Começa, também, a sofrer as determinações sociais quanto ao papel de homem e de mulher ("isto você pode", "isto não pode") e, entre quatro e cinco anos, percebe a diferença dos sexos e tenta identificação com a mãe ou com o pai, conforme seja menina ou menino. Portanto, o processo de reconhecimento do eu e do tu se amplia: passa do "eu sou eu, não tu; tu não és ele" para "eu sou eu, mais parecido com ele do que contigo". A criança se insere, assim, num grupo (masculino ou feminino) e se volta para o outro grupo — o complementar — restabelecendo a relação a dois, "em corredor": *o outro é só meu*.

Quando a criança percebe que não tem a exclusividade da relação com o outro, inicia-se a "crise da triangulação" ("ELE" relaciona-se com o "tu", independente do "eu") e a dolorosa descoberta de que as expectativas do "tu" são diferentes das suas (par assimétrico), assim como as possibilidades (par não intercambiável). Aí, inicia a busca de um(a) parceiro(a) que refaça a simetria (que só foi "vivida" pela criança).

Esta é a seqüência natural do desenvolvimento da sexualidade, impedida, por vezes, pela manutenção da assimetria primária como modelo.

Um segundo momento do reconhecimento do EU ocorre na adolescência, com o aparecimento dos caracteres sexuais secundários que levam a uma nova conscientização do corpo, à sedimentação de papéis antes pouco desenvolvidos e ao aparecimento de outros. A possibilidade (biológica e social) de contato sexual e o aprendizado feito do papel social de homem e de mulher conduzem à prática da sexualidade, sem desenvoltura (no entanto), o que será adquirido ao longo da vida.

A relação sexual, sendo um contato de dois corpos, quando um se abre simétrica e espontaneamente para o outro em profundo compromisso existencial, cada qual vivenciará com o outro o Encontro, de onde sairá revigorado e individualizado.

Dessa feita, com base em todas as idéias acima transcritas, podemos sintetizar a questão relembrando que, segundo a Teoria dos Papéis (Moreno, 1975), há um *papel sexual psicossomático* (relativo aos aspectos biológicos), um *papel sexual social* (valores e hábitos do indivíduo) e um *papel sexual imaginário* (aspectos psicológicos).

O papel sexual da pessoa adulta é, portanto, a resultante de determinações biológicas e fatores sociais apreendidos e transmitidos pela Matriz de Identidade (Seixas, 1996). Não reflete apenas a função genital, mas veicula a possibilidade de ser em plenitude, em união com o outro e com o cosmos.

O projeto sexualidade e a terapia de grupo tematizada e de tempo limitado

O Projeto Sexualidade (Prosex), do Instituto de Psiquiatria do Hospital das Clínicas da Faculdade de Medicina da Universidade de São Paulo, iniciou suas atividades em novembro de 1993, no Serviço de Psicoterapia do referido Instituto.

Interdisciplinar, foi constituído por psiquiatras, urologistas, ginecologistas, psicólogos, e tem como proposta a assistência (psicoterápica e/ou medicamentosa), o ensino (para graduação e pós-graduação) e a pesquisa da sexualidade humana e seus transtornos.

Os anos de experiência no Prosex, combinados àqueles em instituições de assistência, ensino e pesquisa em psiquiatria e de formação em psicodrama, nos levaram a criar um modelo de terapia (sexual) de grupo tematizada e de tempo limitado.

A *terapia de grupo tematizada e de tempo limitado* corresponde a um processo que reúne pessoas com dificuldades numa determinada esfera da atividade humana (exemplo: a sexual); estás serão trabalhadas por uma equipe terapêutica (unidade funcional), durante um tempo (limitado), que a experiência nos levou a fixar entre 16 e 20 semanas.

O objetivo é conduzir cada elemento do grupo a entrar em contato com sua limitação, caracterizá-la e, então, tentar resolvê-la ou, pelo menos, esclarecer sua origem e seu significado. Em nossa proposta de atendimento, este objetivo é buscado pela rematrização, pela vivência de "jogos dramáticos".

Cada sessão compõe-se de um jogo, que trabalhará uma etapa ou um aspecto do desenvolvimento pessoal (e, conseqüentemente, sexual).

São, por isso, *critérios indispensáveis para a indicação e para o bom resultado* deste trabalho:

1) Unidade funcional experiente na condução da sessão e da psicoterapia.
2) Integrantes (pacientes) com recursos compatíveis com o processo de psicoterapia breve (Ferreira-Santos, 1997) e com características pessoais que não favoreçam polêmicas alheias ao tema.

Conforme a disfunção sexual (OMS, 1993) dos integrantes, a mesma ou diferente, determinado programa será adotado para o atendimento. É possível formarem-se grupos só de homens, por exemplo, todos com ejaculação precoce. Ou, ainda, um grupo misto (homens e mulheres) com diversos tipos de limitação na área sexual.

O que rege a composição do grupo, na verdade, é a mescla de dinâmicas intrapsíquicas, de modo a favorecer a complementaridade, fator fundamental para o desenvolvimento de qualquer grupo terapêutico.

3) Montagem de "programas terapêuticos" (16 a 20 sessões), por meio da escolha de jogos pertinentes ao desenvolvimento

de cada grupo, privilegiando necessidades e vicissitudes específicas do grupo constituído.
4) Disponibilidade de todos (unidade funcional e pacientes) para 16 a 20 encontros seqüenciais semanais, de 90 ou 120 minutos cada.
5) Compromisso de grupo "fechado", ou seja, sem possibilidade de reposição de integrantes, uma vez iniciado o processo; eventuais vacâncias (por abandono) não serão preenchidas.
6) Três ou mais faltas (ou atrasos), ao longo das 16-20 sessões, são indicativas de algum tipo de dificuldade ou "resistência" que não será trabalhada para não desvirtuar o processo, mas implicará possível desligamento deste integrante, caso a unidade funcional considere pertinente.
7) *Desempenho sexual* como temática central, para o que converge todo tipo de participação.
8) Centralização do trabalho no grupo como um todo, considerando possíveis (mas não desejáveis) sessões individuais paralelas, a repetição das quais sugerirá incompatibilidade do integrante com o trabalho proposto.
9) Nesse caso, assim como em todos os outros de exceção, a permanência do paciente deve ser reavaliada pela unidade funcional, podendo-se concluir pela indicação de outro tipo de psicoterapia.
10) Vetadas as discussões, em sessão, de assuntos (sejam eles de caráter grupal ou individual) que não façam parte do "programa" previamente montado, exceto em casos muito especiais. Esse critério é vital para o cumprimento das metas e dos prazos desta modalidade de atendimento. A "reprogramação" (redirecionamento), se necessária, será decidida pela unidade funcional.

Maior detalhamento desses parâmetros e dos procedimentos seria, com certeza, interessante e útil, mas fugiria do padrão adotado por esta edição. Em contrapartida, por mais que nos delongássemos em explicações, não esgotaríamos o assunto e não responderíamos a toda sorte de perguntas que a leitura do texto pode suscitar.

Passemos, então, à descrição dos *elementos básicos que compõem nossa sessão* de terapia tematizada (sexual) grupal e de tempo limitado, de base psicodramática:

1) Unidade funcional: dois a quatro terapeutas poderão trabalhar em co-direção ou sob o comando de um deles, enquanto os demais (egos-auxiliares) têm papel de "facilitadores" do trabalho e "ponte" entre diretor e integrantes.
2) Integrantes: como já dissemos, os integrantes devem possuir recursos para se beneficiar de um processo de grupo "tematizado" e "breve". O número de elementos variará de acordo com as características de cada grupo, mas ficará em torno de oito a dez pessoas, podendo ser todas do mesmo sexo, de homens e mulheres ou de ambos. No segundo caso, tenta-se equivalência entre o número de homens e de mulheres (quatro e quatro, por exemplo), para enriquecer a dinâmica.
3) Etapas da sessão: aquecimento (inespecífico e específico), jogo dramático e comentários.

O aquecimento inespecífico se dá a partir do momento em que as pessoas se encontram e começam a conversar. O aquecimento específico constitui-se de "tarefas" que predispõem para o jogo daquela sessão, conforme exemplificaremos mais adiante.

Cada uma das etapas ocupa, em média, um terço do tempo da sessão.
4) Ambiente: sala ampla e arejada, com poucos móveis, mas com recursos para o aquecimento e para os jogos (almofadas, som, papel, canetas hidrográficas, giz colorido, tecidos etc.).

Exemplifiquemos, então, com a descrição de algumas sessões de um programa de terapia elaborado para um grupo de homens e mulheres, com diferentes disfunções sexuais.

Primeira Sessão: Como aquecimento, propõe a unidade funcional que todos fiquem em pé, formem um círculo e falem seu nome em voz audível. Os terapeutas também se autodenominam e, em seguida, apresentam-se como unidade funcional (diretor ou ego-auxiliar), visto que cada componente do grupo, constituído a partir de duas ou três entrevistas individuais iniciais, só teve contato com o seu entrevistador, desconhecendo o(s) outro(s) terapeuta(s).

Depois de terem formado o círculo, pede-se aos pacientes que comecem a andar pela sala, "sem rumo" e no ritmo que desejarem. E que o façam isolados e "concentrados" em si mesmos. Depois, vão sendo propostos diferentes "rumos" e "ritmos", com a atenção devendo voltar-se cada vez mais para os colegas: olhar um por um; observar o conjunto; perceber quem chama sua atenção, quem lhe é indiferente, quem o observa...

Pede-se, então, que todos retomem o círculo e se sentem, para a seqüência do trabalho.

Passa-se, agora, para uma apresentação, por meio do *Jogo da Fantasia*, o qual trabalha, também, a integração, o reconhecimento do EU e do TU, bem como permite à unidade funcional uma percepção do todo e das partes do grupo.

Cada elemento do grupo "imagina" quem são os "outros" (idade, profissão, estado civil, por que vieram ao Prosex etc.) e todos trocam impressões sobre os outros, com o compromisso prévio de não se identificarem durante esta etapa do jogo, em que "fantasias" são colocadas aleatoriamente, sendo estas colocações estimuladas pela unidade funcional. Isto feito, segue-se a etapa das "revelações" — quando cada qual se apresenta —, o que gera inúmeros comentários de surpresa, confirmação, desagravo, decepção, entusiasmo, crítica, aprovação etc., os quais surgem espontânea, independente e desordenadamente.

Em seguida, passa-se para a fase final da sessão, com comentários entre a unidade funcional e os pacientes, salientando e aprofundando a discussão sobre os aspectos que emergiram relacionados à sexualidade.

Fecha-se o trabalho deste dia com a proposta e a discussão do contrato terapêutico.

Segunda Sessão: Depois do aquecimento (por exemplo, ao som de uma música cujo ritmo vai se acelerando, pouco a pouco, o grupo vai tentar vivenciar situações que se sucedem como: andar à beira-mar, andar numa calçada de uma cidadezinha, de uma metrópole, sobre areia quente, sobre telhado de vidro, sobre pregos... andar apressado pela calçada que contorna o Hospital para não se atrasar para a sessão de hoje), pede-se que cada um sente-se isolado dos demais e escreva seu conceito sobre "bom desempenho sexual". Este conceito escrito e *não assinado* deve ser depositado numa urna. Desta feita, todos os escritos são retirados e lidos em voz alta pela unidade funcional e, com base neles, estabelece-se com o grupo o conceito que o mesmo tem, *hoje*, sobre esta questão, o que será "conferido" nas últimas sessões do processo.

Com isto, elaboram-se as etapas uniciais da Matriz e esboça-se um trabalho sobre as fases relacionais, ao mesmo tempo em que se vive a idéia de que as definições dependem dos *contextos*. Este tipo de comentário é o que fecha o trabalho deste dia, o *Jogo da Urna*.

Terceira Sessão: Após algum tipo de aquecimento, que prepare para o jogo desta sessão, é solicitado que o grupo se divida em duas fileiras, dispostas frente a frente. Ao som de uma música alegre e suave, inicia-se o *Jogo da Confiança*. Em duplas, os integrantes do grupo segurarão em seus pulsos mutuamente. Unirão as pontas de seus pés, com as pernas também unidas, e soltarão os corpos para trás, esticando os braços e formando, então (para quem olha de frente), a imagem de uma letra A invertida. Trocam-se as duplas, de maneira que todos tenham oportunidade de formar par com todos. Formam-se, na seqüência, trios e quadras, com diversas combinações de pessoas.

Os egos-auxiliares podem participar, caso seja necessário mostrar como se faz, ou completar número. Transcorridos cerca de trinta ou quarenta minutos de jogo, seguem-se os comentários sobre como cada um se sentiu, se saiu, com quem foi mais fácil, mais agradável, mais bem-feito... o *Jogo da Confiança*.

Nesta sessão são trabalhadas: a relação em corredor, a triangulação, a circularização e as etapas anteriores do desenvolvimento. Além disso, muitas características pessoais (e sexuais) são manifestadas e percebidas, vindo a servir de subsídios para o trabalho da próxima sessão.

Quarta Sessão: Ao aquecimento, segue-se a consigna de que, colocadas cinco almofadas no chão, em linha reta, a primeira estará representando 20% de *realização na esfera sexual*; a segunda, 40% e assim por diante, até 100% (*realização plena*). Pede-se a cada paciente que se coloque ao lado da almofada que representa sua posição, neste momento. Um por um se coloca, seqüencialmente, enquanto os demais observam. Então, todos se colocam juntos, formando uma "imagem" da *realização sexual* do grupo.

O diretor pede a cada um que venha observar "de fora" a sua posição (princípio do espelho), enquanto um ego toma o seu lugar. Se algum paciente quiser, pode reconsiderar (e explicar) sua situação ao "olhar de fora".

Na seqüência, é permitido que cada um modifique a configuração do conjunto, a seu critério, e que explique por que mudou o(s) colega(s) de lugar.

Esta sessão termina com os comentários que, naturalmente, emergem do jogo, o qual tem a função de trabalhar as relações, reforçar o reconhecimento do EU e do TU e iniciar o trabalho de inversão de papéis.

Quinta sessão: O aquecimento para o jogo desta sessão (*Jogo do Cego e do Guia*) consiste em que integrantes e egos-auxiliares transitem livremente pela sala, num primeiro momento. Em seguida, paulatinamente, os egos se retiram e o diretor convida só os pacientes a formarem duplas, ao "acaso", nas quais um elemento (da dupla) será "cego" e o outro "guia".

Esses papéis serão "invertidos" e as duplas serão "trocadas", ao longo do trabalho, de maneira que todos tenham oportunidade de "viver" as duas situações, em diferentes duplas, sucessiva e espontaneamente formadas.

As duplas começam a se movimentar, ao som de músicas de vários ritmos.

Diversos obstáculos são dispostos na sala (cadeiras, almofadas, bolsas etc.) e devem ser evitados pelo "guia" que conduz o "cego".

Manifesta-se, assim, a capacidade de cada um conduzir e ser conduzido, acompanhar e ser acompanhado, compartilhar e dividir, parear e trocar. Manifestam-se, também, as especificidades de cada dupla e as reações individuais, em cada parceria que o sujeito faz.

Fechando o jogo, as pessoas vão retomando sua individualidade (separam-se lentamente, isolando-se umas das outras), sentam-se e se preparam para os comentários, os quais serão dirigidos pela unidade funcional, no sentido de comparar o desempenho neste jogo ao desempenho no ato sexual, no aspecto "entrega e continência".

Até atingirmos a décima sexta ou a vigésima sessão, muitos outros jogos (*Ímã, Roda, Tribuna, Hoje sou você, Modelagem...*) vão sendo vivenciados. Falta-nos espaço, aqui, para descrevê-los um a um; acabaríamos escrevendo um livro, não um capítulo. Prometemos, então, este livro para breve.

Importante, todavia, é que também os jogos tenham uma seqüência previamente estabelecida, no sentido de ampliar a capacidade de interação do indivíduo com cada parceiro do grupo e, a partir daí, com outras parcerias de seu cotidiano (especialmente a sexual).

São 15 jogos ao todo. Alguns tomam mais de uma sessão (até se esgotarem os comentários e as associações do trabalho proposto na sessão com a atividade sexual). Se assim acontece, a terapia se prolonga além da décima sexta reunião, podendo chegar à vigésima.

A última vez em que o grupo se reúne tem caráter de avaliação e de encerramento, com a unidade funcional se manifestando sobre o progresso de cada um dos integrantes, os quais também tecem comentários recíprocos.

O esquema da quarta sessão pode ser retomado, nesse momento, e as posições comparadas (antes e agora).

Conclusão

Se não cabe nos delongarmos mais, acreditamos, todavia, termos transmitido a idéia de que nosso programa de atendimento conduz cada integrante do grupo à reestruturação de sua sexualidade. Sem passar por "exercícios sexuais", propriamente, mas começando a entendê-la como uma forma de expressão da personalidade e terminando por tentar exercê-la com fidelidade a si, tendo no outro realmente um "parceiro".

Referências bibliográficas

FERREIRA-SANTOS, E. (1997). *Psicoterapia Breve*. 2ª ed., São Paulo, Ágora.
FONSECA FILHO, J. S. (1992). *Sexualidade*. São Paulo. Edição do autor.
FREUD, S. (1972). *Três ensaios sobre a teoria da sexualidade*. *Obras Psicopatológicas Completas de S. Freud.* (Ed. Standard Brasileira.) Rio de Janeiro, Imago, V. 7.
KAPLAN, H. S. (1974). *A nova terapia do sexo*. 5ª ed., Rio de Janeiro, Nova Fronteira.
KINSEY, A. C. et. al. (1948). *Sexual behavior in the human male*. Philadelphia, WB Saunders.
KINSEY, A. C. e GEBHARD, P. H. (1984). *A conduta sexual da mulher*. Rio de Janeiro, Atheneu.
MORENO, J. L. (1975). *Psicodrama*. São Paulo, Cultrix.
OMS (1993). *Classificação de transtornos mentais e de comportamento (CID-10). Descrições clínicas e diretrizes diagnósticas*. Porto Alegre, Artes Médicas.
PERAZZO, S. (1995). *Descansem em paz os nossos mortos dentro de mim*. São Paulo, Ágora.
RAMADAM, Z. B. A e ABDO, C. H. N (1997). "Sexualidade: Trâmites, percalços e desvarios". In: ABDO, C. H. N. (org.). *Sexualidade humana e seus transtornos*. São Paulo, Lemos.
SEIXAS, A. M. R. (1996). "A construção da sexualidade feminina e a concepção psicodramática de indivíduo". São Paulo (Dissertação de mestrado — PUC).

12

Uma nova abordagem do masculino e do feminino
As questões de gênero em evidência

Luiz Cuschnir
Marisa V. Lourenço Micheloti

Tanto homens quanto mulheres, em seu desenvolvimento pessoal na sociedade atual, têm sido alvo de importantes estudos à procura dos efeitos negativos dos papéis de gênero socializados. Uma nova abordagem psicodinâmica grupal denominada Gender Group® (grupo de gênero) tem sido utilizada para detectar mais claramente os conflitos emocionais, masculinos e femininos, e a condição psicológica em que o papel de gênero restringe o potencial humano.

A expressão "atitude do papel de gênero" tem sido usada para descrever graus individuais de endosso ou atitudes perante os papéis de gênero sociais (Brannon, 1985; Spence e Helmreich, 1972), ao passo que "conflito do papel de gênero" é usada para descrever as conseqüências deterioradas dos papéis de gênero (por exemplo, a restrição da emocionalidade) tanto para a pessoa que mantém a tensão como para os que convivem com ela (Eisler e Skidmore, 1987; O'Neil, Helms, Gable, David e Wrightsman, in: Mintz e O'Neil, 1990).

A palavra "gênero" está imbuída do sentido de caracterizar grupos, separar e identificar indivíduos, desde a esfera gramatical até a conceitual. Ora, sabe-se muito bem que, antes de se separar, deve-se encontrar as características comuns. Uma das maneiras de identificar essas características e diferenciar um homem de uma mulher é por meio dos órgãos genitais, ou seja, do sexo. Essa separação é mais fácil quando se trata de palavras. Quando a questão envolve seres humanos entramos numa esfera que abrange vários tópicos, tais como maneiras de ser nos relacionamentos, visões de mundo, perspectivas de vida, necessidades de inserção social etc. A noção de "gênero" é mais ampla do que a de "sexo". A palavra sexo deveria ser usada exclusivamente para situações relacionadas ao sentido biológico/genético, enquanto gênero, com sua maior amplitude, aprofunda as relações, as atitudes entre feminino e masculino. A identidade masculina esteve relacionada durante muito tempo quase que exclusivamente a conceitos ligados à sexualidade, à performance sexual. A liberação sexual da mulher confundiu muito o posicionamento masculino perante ela. "Ser homem" estava diretamente relacionado à sexualidade, ao seu desempenho na relação sexual. Além disso, o relacionamento com outros homens perdia em qualidade, já que não era permitida qualquer expressão afetiva devido ao receio constante de ser percebido como homossexual.

Durante muito tempo, também, o homem vem tendo sua masculinidade confirmada a partir de seus papéis profissionais, visto que seu papel de provedor econômico da família e todas as implicações de poder em âmbito público fortalecem sua identidade como tal. Para a sociedade, ser homem é prover, e o ato de prover advém primordialmente da vida profissional. O poder público tradicionalmente é exercido pelo homem e reflete o que ele é, no social, enquanto o poder privado está mais ligado ao aspecto afetivo e, conseqüentemente, às mulheres. São condutas profundamente arraigadas na sociedade, mantidas mesmo às custas de sofrimento e insatisfação de ambos os lados — homens e mulheres.

Já as mulheres e a identidade feminina viveram guinadas profissionais e afetivas. A grande conquista obtida nesses últimos tempos, advinda do feminismo, é, sem dúvida, a vida profissional. Com esta conquista, a contribuição econômica do lar, assim como a divisão de tarefas de casa e dos filhos passaram a pertencer ao homem e à mulher. Esse panorama de reformulação de papéis, de suas funções e de condutas, entre si e dentro do âmbito familiar, ocasionou destroços para ambos os gêneros. Foram necessárias reflexões, desencontros, questionamentos, principalmente na instituição matrimonial. Ficou caracterizado um momento extremamente solitário e repleto de angústias, em que as mulheres mal podiam apoiar-se umas nas outras, dada a grande fragilidade que permeava o universo feminino. Os valores relacionados à moral e à ética pessoal e os relacionamentos afetivos, familiares e sociais geraram instabilidades emocionais provenientes do novo momento do ser mulher.

Identidade

Poderíamos chamar de identidade de gênero as características humanas relacionadas às condições reais ou convencionais, que exprimem a masculinidade ou a feminilidade e que identificam comportamentos e expectativas definidas pela sociedade. Em virtude das mudanças sociais ocorridas nos conceitos de masculino e feminino, os papéis de gênero carecem de uma reconsideração para poder fornecer parâmetros mais claros aos homens e às mulheres. Em função das mudanças dos paradigmas que foram se expandindo, criaram-se dificuldades para um estabelecimento de condutas propiciando conflitos emocionais peculiares a esse momento sociocultural.

Estas considerações desenvolvem focos de estudos masculinos, restritos nestes últimos anos, com uma larga discrepância com relação às pesquisas que têm sido feitas com as mulheres, que são mais abrangentes. A psicologia masculina está em desenvolvimento, procurando referências consistentes para a elaboração de novos conceitos sobre a identidade masculina. A psicologia feminina dedicou-se mais intensamente às causas das mulheres em aspectos mais amplos, como as conquistas individuais, políticas e sociais resultantes das lutas feministas, além dos aspectos relacionados à maternidade e à sexualidade.

Como lembrou o psicanalista canadense Guy Corneau, especializado em estudos de gênero, em uma visita à Sociedade de Psicologia Analítica de São Paulo, "identidade é a habilidade de dizer 'eu' sem culpa, sem ansiedade; é a habilidade de afirmar algo sem pensar de dois modos diferentes; é a confiança de que há lugar para si próprio no mundo". Corneau completa que "identidade pessoal é construção de um todo a partir das partes e pedaços de pessoas ao nosso redor; esse potencial só se desenvolve se essas pessoas ao redor se dispuserem de fato a nela ajudar".

É uma profunda transformação social por que passam o homem e a mulher, refletindo em suas vidas emocional, familiar, social e profissional. Todos sabemos e observamos o quanto esse reflexo poderá criar transtornos em seus relacionamentos, na esfera econômica e na saúde física e mental, em suas vidas como um todo.

Feminismo, sua contribuição nas questões de gênero

A Revolução Francesa e o sistema capitalista de produção favoreceram o aparecimento do movimento feminista e suas reivindicações. O papel social das mulheres e suas relações familiares se alteraram profundamente depois destas consolidadas conquistas das lutas feministas.

Na Inglaterra, em 1792, Mary Wollstonecraft, em seu livro *Defesa dos direitos da mulher*, rejeitava a idéia de diferença de caráter ou inteligência entre meninos e meninas e defendia que a pretensa inferioridade da mulher devia-se à educação e à falta de oportunidades sociais. "Para que a humanidade seja mais perfeita e feliz é necessário que ambos os sexos sejam educados segundo os mesmos princípios" (Wollstonecraft, in: Alves e Pitanguy, 1991). Era o questionamento da desvalorização feminina quanto à educação e às possibilidades profissionais.

Em 1793, Robespierre mandou guilhotinar Olympe de Gouges (1748-1793), escritora conhecida na época, sob a acusação de ter querido ser homem. Decepcionada pelo fato de a Revolução Francesa não ter encampado as causas femininas, a mesma autora escreve *Os direitos da mulher e da cidadã*, em 1791, tentando colocar no mesmo patamar de importância os direitos dos homens e das mulheres. Olympe de Gouges reivindicava o direito feminino de votar, de exercer uma profissão, o reconhecimento pela lei e pelo Estado das uniões de fato e mais atenção à maternidade. No âmbito social já tentava conquistas quanto aos seus direitos como cidadã.

Os apoios de intelectuais como Diderot, Voltaire e Montesquieu eram mencionados como exemplos de solidariedade aos movimentos de mulheres como agentes de mudanças. Já Jean Jacques Rousseau, no século XIX, afirmava que a educação das mulheres deveria estar relacionada ao homem.

No dia 8 de março de 1857, as operárias de uma indústria têxtil de Nova York fizeram uma marcha protestando contra as péssimas condições de trabalho e reivindicando igualdade salarial e redução da jornada de trabalho de quatorze para dez horas. Os patrões fecharam as portas e puseram fogo na fábrica, e o saldo foi de 129 mulheres mortas. Na segunda Conferência Internacional da Mulher Socialista, realizada em Copenhague, em 1810, Clara Zetkin propôs a criação do Dia Internacional da Mulher Trabalhadora, a ser comemorado no dia 8 de março, em homenagem ao episódio de Nova York, que é mundialmente comemorado como "Dia Internacional da Mulher".

O movimento feminista surgiu com a corrida industrial como expressão do capitalismo e reivindicava direitos sociais, tais como ter uma vida social livre, um posicionamento no mundo público, maior liberdade de ir e vir, valorização no mercado de trabalho etc. Rejeitava a violência sofrida pela mulher e a discriminação de forma geral. Tentava recriar uma identidade sexual tanto do homem quanto da mulher, em que as qualidades femininas e masculinas fossem atributos do ser humano em sua globalidade. No século XIX, o feminismo surgiu em um momento histórico de grandes mudanças sociais e no qual vários outros movimentos (de negros, homossexuais, minorias étnicas, entre outros) também denunciavam a opressão.

Simone de Beauvoir, em 1940, escreve *O segundo sexo*, no qual trazia sua importante contribuição dizendo "não se nasce mulher, torna-se mulher". Os papéis sociais baseiam-se em critérios sociais. O masculino e o feminino são vistos como criações culturais e, como tais, são comportamentos apreendidos por meio do processo de socialização.

No Brasil, o movimento pelo direito ao voto feminino teve início em 1910 pela professora Deolinda Daltro, que fundou o Partido Republicano Feminino, mas o voto da mulher só veio a ser aprovado em 1932.

No final dos anos 60, apareceu no Brasil a obra pioneira *A mulher nas sociedades de classes*, de Heleieth Saffioti, uma análise sobre a condição da mulher no sistema capitalista.

A partir de 1945, a democratização do país inclui um número significativo de mulheres em campanhas nacionais como a da anistia, a do petróleo e pela paz mundial. Em 1975, foi fundado em São Paulo o Movimento Feminino pela Anistia. Em 1980 e 1981 foram fundados vários grupos no Brasil com o intuito de desenvolver e fortalecer o movimento feminista.

Elisabeth Badinter (1985) traz em suas contribuições literárias as dificuldades que as mulheres encontram na busca da identidade na sociedade:

Ao procurar definir-se como ser autônomo, a mulher devia fatalmente experimentar uma vontade de emancipação e de poder. Os homens, a sociedade, não puderam impedir o primeiro ato, mas souberam, com grande habilidade, opor-se ao segundo e reconduzir a mulher ao papel que jamais devia ter abandonado: o de mãe. Além disso, recuperaram a esposa.

Masculismo, o *ser homem* nos dias de hoje

A história dos homens na sociedade vinha se mantendo inquestionável até que, por conseqüência do nascimento do feminismo, necessitou-se de uma reflexão mais ampla desse papel. Os homens passaram, conseqüentemente, a viver dificuldades em lidar com temas relacionados à condição masculina, mais especificamente sobre "como ser homem na atualidade".

Num primeiro momento, eles viram as mulheres se rebelando e se movimentando contra a sua explícita desvalorização, lutando para ocupar o seu lugar na sociedade. O homem foi atingido tanto no nível público como em seu recôndito privado. Os conflitos apareceram quando, no âmbito profissional, ele passou a dividir espaço tanto hierárquico quanto salarial. No mundo privado, o homem também passou a ser solicitado como nunca havia sido na família e no ambiente doméstico em geral. Com essas mudanças, não se podia esperar que ambos estivessem preparados para ceder sem esbarrar na inflexibilidade inerente ao egoísmo humano.

A mulher, com o feminismo, ultrapassou várias fronteiras, desde as relacionadas ao seu comportamento social e profissional até sua vivência sexual e familiar. Masculismo é um termo cunhado por Luiz Cuschnir em sua tese "Masculismo, um estudo através do Gender Group®", na Faculdade de Medicina da USP. Fazendo, uma correlação com o feminismo, trata de ocupar-se do que ocorre e deverá ocorrer com os homens que estão em contato com o Movimento Feminista. Da mesma forma, chamar-se-á "masculista" o movimento de transformação do homem na sociedade. Sem dúvida, deve-se levar em conta que as mulheres pautaram suas mudanças no âmbito dos direitos sociais e o homem deverá fazê-lo no âmbito pessoal, íntimo e emocional.

As mulheres de diferentes classes sociais vêm saindo de seus recônditos domésticos privados e familiares, não aceitando mais suas posições de "primeira-dama" (do senhor cavalheiro) ou de coadjuvante nos processos evolutivos sociais. Muitos homens, com o intuito de atender às transformações da sociedade decorrentes das reivindicações feministas, confundiram aspectos essenciais de fortalecimento de sua identidade masculina. Ao perceberem uma menor permissividade de exposição de sentimentos e envolvimento emocional com a família, passaram a lidar, nos relacionamentos com as mulheres, com um excesso de acolhimento, quase fazendo um plágio da conduta feminina. Em conseqüência, perderam características mais aguçadas e penetrantes que fortalecem seu referencial masculino.

Em um mergulho mais aprofundado do mundo masculino a evolução dos estudos questiona um consenso geral de que os homens são "emocionalmente restringidos", "tendo dificuldades de expressar os próprios sentimentos ou negando aos outros seus direitos de se expressarem emocionalmente" (O'Neil, 1981). São dados que vêm como indagações importantes para o entendimento das necessidades de um espaço mais amplo tanto no papel profissional como menos restrito nas relações afetivas.

A experiência masculina de entrega afetiva dá-se inicialmente com a mãe, em um primeiro momento de muita dependência e insegurança. Ao longo do percurso de crescimento, os meninos se envolvem em brincadeiras até sexuais com outros meninos, sem manifestações afetivas mais profundas com o gênero oposto. Na adolescência, na melhor das hipóteses, podem experimentar uma intimidade com outros adolescentes de ambos os gêneros. Alguns ligam-se em relacionamentos com garotas, mas existe uma situação especial entre rapazes que é a possibilidade de um convívio muito próximo. Vivenciam momentos particulares da adolescência com muita intensidade e excitação. Aprendem uns com os outros a respeito da vida afetiva. Esse momento muitas vezes se mistura com o afastamento reativo dos pais. A turma dos rapazes é divertida, intensa, entusiasmada. Ao mesmo tempo, vive situações de extrema intimidade e delicadeza. Nessa fase o jovem ainda se dispõe a abrir-se emocionalmente para o seu igual, contando detalhes de sua insegurança, mostrando seu medo, dispondo-se a conhecer o que o outro faz e pensa.

Segundo Badinter (1993), o homem vai se transformando em homem ao longo de sua vida. Passa por várias fases de confirmação da masculinidade. Organizando de maneira didática, apontamos para o seguinte referencial: o homem vive seis fases diferentes na afirmação da masculinidade ao longo da vida. A primeira dá-se quando é criança e vive uma relação muito próxima com a mãe, o que ocasiona uma mistura muito grande com o universo feminino. A segunda, ainda na infância, é o momento em que ele precisa provar que é diferente da mulher. Passa a procurar outros meninos, isolando-se das meninas e buscando uma aproximação do universo masculino nos mais variados níveis. Já na adolescência, ele precisa provar que não é homossexual, e num segundo momento que é heterossexual. Por isso, cria uma série de comportamentos estereotipados de oposição a tudo que possa confundi-lo ou aos outros. Quando jovem o homem vive a quinta fase, quando precisa colocar-se profissionalmente na sociedade. Ele procura se armar de condições para desempenhar o papel de homem adulto de sucesso. Já adulto, sua busca é pelo casamento, quando irá finalmente tornar-se pai de família. Passadas as primeiras cinco fases e após envolver-se seriamente em um relacionamento afetivo, o homem se prepara para um possível casamento. Não há espaço para dúvidas ou insucessos: em geral, a idéia de ser um provedor da família está incluída nessa fase de confirmação como homem.

Em 1991, no Brasil, revela-se o desconforto masculino, quando a revista *Veja* faz uma matéria na popularmente conhecida *páginas amarelas*: "O dilema masculino", com Luiz Cuschnir, sobre questões de uma visão social a respeito do papel do homem atual. Outros importantes veículos da mídia desenvolvem matérias sobre o trabalho do Gender Group® como abordagem de tratamento grupal para os conflitos da relação de gêneros masculino e feminino.

Concomitantemente a isso, o psicólogo Sócrates Nolasco também mergulha nessa temática masculina com pesquisas sobre o comportamento masculino na Universidade Estadual do Rio de Janeiro.

O primeiro Congresso Internacional Multidisciplinar sobre homens ocorre em Ottawa, no Canadá, em 1995, onde é dado o maior enfoque das diferentes áreas de conhecimento aos conflitos emocionais que o homem vem passando nessa virada de século, congregando vários movimentos de apoio e de conquistas masculinas.

O Serviço de Psicoterapia do Instituto de Psiquiatria do Hospital das Clínicas de São Paulo, em 1996, instala o setor de Gender Group® como uma abordagem necessária ao estudo do masculismo, percebendo uma necessidade de cunho mais aprofundado dessas questões de gênero e de atendimento clínico mais dirigido.

Paralelamente, vários outros movimentos são articulados a esses estudos, como associações que lutam pelo direito dos homens, a guarda de filhos e a equiparação das obrigações perante o casal quanto ao papel de provedor em processos de separações judiciais.

Gender group®

O Gender Group® surgiu como um espaço terapêutico criado para desenvolver questões relativas a condições comuns aos participantes, tais como o convívio, o namoro, o casamento, a educação dos filhos, o desenvolvimento dos papéis profissionais, o papel de mãe, o papel de pai, entre outros. Os grupos visam lidar com esses temas que envolvem as posturas do homem e da mulher diante dos avanços da sociedade em geral. Tratam-se as questões masculinas entre homens e as questões femininas entre mulheres.

Encontramos constantemente na prática clínica, e mesmo no cotidiano, queixas vindas de todos os lados, em que homens e mulheres "descarregam" seus problemas na família. O grupo muitas vezes serve como dado de realidade. Cria situações provocadoras, em que o paciente localiza intensas emoções. Estas podem estar pouco claras e só se tornam perceptíveis com questionamentos e mobilizações a partir do compartilhamento com outros participantes. O papel de provedor e a responsabilidade atribuída ao homem, assim como a responsabilidade do lar e dos filhos atribuída à mulher, acoplados às dificuldades de eles encontrarem contextos que possam contê-los emocionalmente, provocam constantes situações de conflito no ambiente familiar.

Os riscos de transtornos emocionais e físicos são grandes, e o Gender Group® é a possibilidade de uma intervenção terapêutica *in loco*.

Há uma necessidade premente de se trabalhar temas relacionados aos gêneros, que propiciem reflexões a respeito das identidades masculina e feminina. Esses temas são abordados em sessões de Gender Group®, nas quais homens e mulheres trabalham seus relacionamentos com o pai, com a mãe, e outros vínculos afetivos e/ou familiares. Além dessas relações, é objeto de nosso estudo o papel profissional e a vida afetiva e sexual como um todo. Por meio da relação com o próprio físico e o contato corporal com os outros, aparecem os medos e inseguranças nos relacionamentos sociais. A tarefa da psicoterapia é instrumentar o paciente para a recuperação da liberdade, originalidade e criatividade.

Daí advém a necessidade do fortalecimento do grupo como normatizador dos conceitos que vão se estabelecendo para o delineamento do que é mais adequado para homens e mulheres que participam do Gender Group®. Assim, o trabalho grupal psicoterapêutico entre pessoas do mesmo gênero propicia que temas ligados ao espaço feminino ou ao masculino atinjam sua eficácia como foi comprovado na já referida dissertação de mestrado apresentada na FMUSP. Essas metas são alcançadas com a reavaliação de paradigmas em um espaço terapêutico que induz à confiança e à intimidade, promovendo a percepção e o fortalecimento do ainda obscuro na relação dos gêneros.

O objetivo primeiro é possibilitar a identificação do homem e da mulher com seus pares, criando novos parâmetros e revendo os antigos. Em grupos mistos, com homens e mulheres, há um outro nível de participação e impossibilidade de aprofundamento da temática em questão, pelo menos em um primeiro momento. Homens tendem a camuflar os assuntos que não dão a confirmação da masculinidade. Mulheres entram em um misto de conluio e competição. A dinâmica do grupo, na qual cada um compartilha suas dificuldades, facilita que os homens se abram para depoimentos nunca antes revelados e que as mulheres recriem seus referenciais dentro de parâmetros mais atuais.

Já em psicoterapias individuais, apesar da intimidade, há uma impossibilidade de trabalhos de mobilização com exercícios corporais e estímulos com música e trabalhos gráficos em grupo. Quando existem conteúdos emocionais pouco manipulados do ponto de vista social, os trabalhos realizados em grupo, em um contexto em que sintam confiança, podem retomar situações traumáticas anteriores com uma resposta da continência grupal.

O Gender Group® interroga, expõe, provoca, instiga as pessoas a romperem barreiras e preconceitos sexuais e de gênero. Ao mesmo tempo, permite que descubram as similaridades que existem entre os homens e as mulheres que vivem esse momento de falta de parâmetros mais bem definidos.

Esses grupos são os principais facilitadores para que as pessoas retirem as máscaras que usam e tornem-se mais transparentes.

A abordagem grupal aqui apresentada coloca-se como um instrumento capaz de identificar conflitos e proporcionar uma solução terapêutica a partir da troca de experiências com pessoas do seu gênero, permitindo o desenvolvimento de melhores parâmetros e relacionamentos sobre os papéis de homem e de mulher nos dias atuais.

O que aparece nos grupos de gênero?

As sessões são dirigidas, baseadas nos temas abordados anteriormente, como relativos aos universos masculino e feminino, norteadas por um enfoque psicodramático. Desenvolvem-se com técnicas diferenciadas, ou seja, cada uma delas se processa com uma proposta criativa e diversificada sobre aquele tema proposto. Normalmente, cada sessão tem uma hora e meia de duração, e o diretor (nomenclatura utilizada no psicodrama para o psicoterapeuta que a conduz) inicia com um aquecimento corporal. Na segunda parte há um aprofundamento do tema por meio de dramatizações e, por fim, um compartilhamento, em que cada paciente pode falar sobre sua experiência.

Os participantes podem revisar conceitos e formular novos a partir de temas propostos em cada sessão. Enunciam questões de seu desenvolvimento pessoal, ligadas ao gênero, que eventualmente nunca haviam conseguido comentar com ninguém, e vivências terapêuticas inéditas em suas vidas.

Aparecem queixas muito características e que, muitas vezes, são consideradas de maneira diferente pelo homem ou pela mulher. Os homens costumam trazer temáticas como: abandono do pai pelo jogo ou bebida; desejo de ter filhos e ser estéril; nostalgias por ex-namoradas; relações sexuais anteriores (homo ou heterossexuais); casamento inter-racial; abandono por parte dos filhos; exploração da mulher; vergonha de falência profissional, traição feminina; dificuldades no contato profissional; desajuste conjugal; amizades com outros homens e muitos outros.

Os depoimentos colhidos durante as sessões nos mostra o mergulho em sua história, que cada paciente pode fazer. De maneira cuidadosa, mas que atinja momentos passados vividos, permitem um resgate para uma importante reparação. Como exemplo temos uma carta que é escrita a um pai, ainda como criança, que traz declarações e sussurros de uma criança ferida que necessita expandir essa dor: "Pai, me ensine a brincar de ser homem. Brinque comigo".

Encontramos comentários nas diversas sessões, tais como: "Meu pai também não ia à escola. Eu me destacava na quadrilha. Todos me vendo, me valorizando. Mas nunca o meu pai."

"Quando eu estava dramatizando o nascimento, sentia-me bem inicialmente. Depois, não conseguia respirar direito. Em seguida vem o aconchego quando vou para os braços e sou contido. Eu me sentia como meu filho. Ele chupava o dedo mesmo na barriga, antes de nascer. E eu, no exercício, estava quase chupando o dedo, como se eu fosse ele. Foi importante para mim a energia de tranqüilidade que ele passava."

"Só consigo fazer isso aqui, de aceitar que um homem me apóie, me ajude."

"Esta pequena frase, não sei quantas vezes falei na minha vida. Eu, com sete anos, tanta coisa pra falar e fazer, brincar, pedia para o meu pai parar de beber."

"Eu não queria que ele fosse embora. Eu tinha cinco anos. Ele morreu. Senti-me muito desprotegido. Quando foi chegando os sete, nove anos, tive a noção do que foi a perda dele. Eu fui muito violentado na minha infância, até a minha adolescência. Fui violentado até sexualmente. Com 13 anos eu trabalhava como escravo em casa. Nesse exercício, passou tudo na minha cabeça. Meu irmão mais velho me ajudou. Eu queria matar o meu padrasto e ele me persuadiu a não fazer."

Os grupos de mulheres também são promovidos sob um clima de continência e intimidade entre as participantes. Elas aparecem usando mais a verbalização como maneira de expressar-se ou, muitas vezes, colocar nas palavras uma aparência facilitadora de explicar sua dor.

Todas as sessões transcorrem com o mesmo tempo e técnicas utilizadas para a versão masculina, abordando seus referenciais com a mãe, o marido, os filhos, a profissão, entre outros.

As mulheres trazem freqüentemente as questões de adaptação às mudanças do seu papel nas últimas décadas. A maternidade é um tema bastante vigente, em especial quando esbarra diretamente com o contexto profissional. É interessante perceber que muitas, ao se colocarem como profissionais, mostram o desdobramento e o conflito nas divisões e deveres do lar. Ativas no mercado de trabalho, sentem-se importantes também como provedoras, mas gostariam de estar cuidando da casa e da família. Nas que estão em casa emerge um profundo desejo de confirmação e inveja daquelas intituladas de "independentes" do marido.

As mulheres colocam como principal questionamento sua ausência perante os filhos. Percorrem o caminho de dúvidas sobre se a ausência não traz conseqüências. As angústias e conflitos são tão significativos, que muitas transbordam essas emoções encaminhando parte delas para o marido. Há uma grande confusão feminina, onde não se sentem seguras para exercer a pluralidade de papéis que a elas foi destinada. Quando crianças, recebiam bonecas para brincar de cuidar de nenês, depois fogõezinhos e panelas para serem como as mamães, depois maquiagens para se embelezarem e usufruir da sedução, e por aí vem o balé e outras formas de aprender a ser mulher, podendo diferenciar-se do ser homem. Hoje, tudo mudou.

Nas mulheres com condições socioeconômicas desfavorecidas, o sustento da casa aparecia anteriormente às que estavam mais bem situadas economicamente. Demonstravam já uma necessidade de desenvolver um trabalho remunerado, integrando em sua identidade feminina a naturalidade de afastarem-se dos filhos e da casa.

O trabalho doméstico passou a ser desqualificado, assim como a exclusividade na função educacional dos filhos, e a mulher buscou então novas fontes de importância.

Nos grupos, as mulheres trazem a dor da separação matrimonial e a sensação de se sentirem diferenciadas por este estado civil. Um dos depoimentos mais dolorosos é o da discriminação por mulheres como sendo "disponíveis" e uma ameaça aos companheiros de outras mulheres.

"Parece que todas elas pensam que vou roubar marido. Que estou ali como simples oportunista."

"No serviço todos os homens me vêem de forma diferente quando sabem que sou separada, como se eu não tivesse direito a sofrimento ou amor. Sou apenas serviçal do prazer masculino."

"Estar separada me traz muita dor. Percebo que, para meus filhos, também não é bom. Penso que sentem vergonha. Como acham que me sinto?"

Em grupos específicos, nos quais há mulheres que desempenham os papéis profissionais e da maternidade, colhemos aspectos peculiares enfocando o grande conflito: "Paro de trabalhar enquanto meus filhos são pequenos, mas depois não consigo mais me inserir

no mercado de trabalho, ou trabalho para o meu bem profissional e os 'abandono' por várias horas da vida deles?"
Outros depoimentos das sessões. O grito de dor da mulher de hoje:
"Mãe, por que você não me ensinou a ser mais forte?"
"Será que vou morrer com a incerteza de nunca saber se estou certa comigo e com os meus filhos?"
"Por que meu marido não me dá a devida importância se lavo, passo, cozinho e ainda trabalho fora? Não agüento mais ter de viver tudo isso sozinha. Vocês acham que é justo?"
"Meus filhos me entendem. Eu quero poder produzir, mas nunca pensei em abandoná-los."
"Mãe, eu só queria saber como você ficou tanto tempo mergulhada nos serviços domésticos. Nunca ninguém te elogiou por isso. Me desculpe por não ter visto que isso tinha valor."
"Por que você me trata mal cada vez que arrumo um emprego? Eu já lhe dei várias provas de que sou fiel, mas eu preciso acreditar que consigo produzir."

Em nossa experiência com Gender Group® feminino também obtivemos rapidamente esse clima de apoio e segurança, com apenas uma diferença: é sabido que as mulheres trocam facilmente experiências íntimas em ambientes sociais. Em um grupo como esse, a fase inicial de aproximação de reconhecimento é abreviada.

Onde estamos?

Sem dúvida, estamos baseados nas necessidades da sociedade atual utilizando o campo terapêutico como possibilidade para tal. Como não se trata de um curso em que ministramos conhecimentos ou teorias, não está no escopo do Gender Group® a intenção de transmitir ideologias a respeito de como os homens devem comportar-se, sentir ou pensar. Após vários anos de atuação como psicoterapeutas, pudemos desenvolver uma atitude terapêutica que visa propiciar o crescimento pessoal dos pacientes, respeitando sempre o caminho que cada um quer seguir em seu processo. Não há um desejo de nossa parte em formar homens e mulheres com um certo perfil para atingir o estereótipo de seres ideais. Cada participante utiliza as vivências no grupo e o compartilhamento das experiências dos outros para posicionar-se perante as estruturas sociais e os relacionamentos pessoais.

Os trabalhos sobre as relações de gênero vêm se multiplicando nos últimos anos. Várias áreas de estudo do conhecimento humano, como a medicina e a psicologia, até os campos ligados às áreas sociais, literatura, educação etc. enriquecem suas teorias e pesquisas privilegiando esta temática.

Este trabalho foi instalado e desenvolveu-se no Serviço de Psicoterapia do Instituto de Psiquiatria entre 1995 e 1998, destinado a atender à população que vem com esta demanda, visando contribuir para um atendimento psicoterápico aos pacientes do Serviço de Psicoterapia do Departamento de Psiquiatria. A equipe do Gender Group®, composta por psiquiatras e psicólogos, promove a divulgação no hospital por meio do Serviço de Relações Públicas do Instituto de Psiquiatria e do Complexo HC. Além disso, são realizadas entrevistas na mídia, nas quais funcionaram também como divulgadoras da triagem para a formação dos grupos. O próprio Serviço de Psicoterapia mantém uma triagem em que alguns pacientes são encaminhados para verificar se estão dentro do perfil da amostra em estudo. Pacientes com comprometimentos psiquiátricos significativos são devidamente encaminhados a contextos psicoterápicos mais condizentes com sua dinâmica particular.

Os trabalhos de auto-ajuda, diferentes do Gender Group®, trazem uma proposta definida, com a meta de atingir o "bem-estar", utilizando caminhos como realização pessoal, sucesso profissional, obtenção de dinheiro etc. Não há um trabalho com as situações traumáticas psicológicas do indivíduo e não se criam condições de compartilhar experiências visando à busca de referenciais comuns e a recuperação de situações mal resolvidas.

Há, sem dúvida, a possibilidade de este trabalho ser replicado em outros centros e instituições que tenham interesse em desenvolver os aspectos emocionais relacionados ao conflito de gênero. Essa eficácia dependerá do preparo do profissional que pretende realizá-lo, já que as características do psicoterapeuta são vistas como fundamentais, tanto no aspecto teórico, que permita entender todo o desenvolvimento dos homens e mulheres, assim como a possibilidade de envolvimento com as emoções características aos diferentes gêneros.

Os homens e as mulheres deste fim de milênio precisam deste e de outros tipos de trabalho, que os auxiliem na absorção das mudanças de paradigmas. A situação atual ainda é caótica, e os adultos se mostram incoerentes e inseguros, até mesmo incapazes de dar continuidade ao reflexo que essa transformação social lhes proporcionou. Devemos tentar criar um novo momento, distinto do atual, para absorver a frustração do que já mudou e não é mais como se esperava que fosse. E, aí então, esperar uma relação mais abrangente de homens e mulheres entre si, e mais harmônica entre homens e mulheres.

A importância do Gender Group® não se restringe a ele próprio, mas envolve a possível utilização de seus resultados em outras pesquisas e estudos científicos. Hoje, há várias informações dispersas na literatura médica, e o interessante é integrá-las para aprofundar os estudos de gêneros, promovendo a interdisciplinaridade. O que se pretende com o Gender Group® é não apenas entender os universos masculino e feminino, mas atuar no sentido de dirimir as exigências e as discrepâncias que os papéis de gênero exercem sobre os homens e as mulheres.

Referências bibliográficas

ALVES, B. M. e PITANGUY, J. (1991). *O que é feminismo*. 8ª ed., São Paulo, Brasiliense.
BADINTER, E. (1993). *XY: sobre a identidade masculina*. 2ª ed., Rio de Janeiro, Nova Fronteira.
_____. (1986) *Um é o outro*. 5ª ed., Rio de Janeiro, Nova Fronteira.
_____. (1985). *Um amor conquistado, o mito do amor materno*. 3ª ed., Rio de Janeiro, Nova Fronteira.
BASOW, S. A. (1986). *Gender sterotypes: Traditions and alternatives*. Monterrey, Brooks/Coles.
BION, W. R. (1980). *Experiências com grupos*. Rio de Janeiro, Imago.
BLY, R. (1991). *João de Ferro. Um livro sobre homens*. Rio de Janeiro, Campus.
BRISSAC, C. (1997). *Quem é você mulher?* São Paulo, Mercuryo.
CALDAS, D. (org.) (1997). *Homens*. São Paulo, Senac.
CARDOSO, F. H. e IANNI, O. (1972). *Homem e sociedade*. 7ª ed., São Paulo, Perspectiva.
CORNEAU, G. (1991). *Pai ausente, filho carente*. São Paulo, Brasiliense.
COSTA, M. (org.) (1994). *Amor e sexualidade: a revolução dos preconceitos*. São Paulo, Gente.
CUSCHNIR, L. (1980). "Técnicas de ação em um grupo pré-formado". *Revista da Federação Brasileira de Psicodrama*, ano 3, nº 1, pp. 264-71.
_____. (1982). "O primeiro fórum de debates". *Jornal da Sociedade de Psicodrama de São Paulo*, ano 1, pp. 4-6.

_____. (1994 a). *Adolescente: pedaço de homem / Homem: pedaço adolescente*. 1ª ed., São Paulo, Saraiva.
_____. (1994 b). *Masculino: como ele se vê / Feminina: como o homem vê a mulher*. 3ª ed., São Paulo, Saraiva.
CUSCHNIR, L. e ALTENFELDER, M. R. (1978 a), "Abordagem e coordenação de um tratamento multidisciplinar: clínico, psiquiátrico, familiar e social". *Revista da Federação Brasileira de Psicodrama*, ano 1, n° 2, pp. 74-6.
_____. (1978 b). "Psicodrama diagnóstico em adolescente. Pesquisa de condutas terapêuticas". *Revista da Federação Brasileira de Psicodrama*, ano 1, n° 2, pp. 68-9.
DI YORIO, V. (1996). *Amor conjugal e terapia de casal: uma abordagem arquetípica*. São Paulo, Summus.
DRUCK, K. e SIMMONS, J. C. (1989). *Os segredos dos homens: conhecendo a face oculta masculina*. São Paulo, Saraiva.
EISLER e SKIDMORE (1987). "Masculine gender role stress: Scale development and component factors in appraisal of stressful situations". *Behavior Modification*, 11, pp. 123-6.
FARRELL, W. (1986). *Por que os homens são como são*. Rio de Janeiro, Rosa dos Tempos.
FASSA, B. e ECHENIQUE, M. (1992). *Poder e amor*. São Paulo, Aleph.
FOGEL, LANE, LIEMBERT et al. (1989). *Psicologia masculina: novas perspectivas psicanalíticas*. Porto Alegre, Artes Médicas.
FREUD, S. (1976 a). *Além do princípio do prazer. Psicologia de grupo e outros trabalhos*. Rio de Janeiro, Imago. [Edição standard brasileira das *Obras psicológicas completas de Sigmund Freud*, vol. XVIII]
_____.(1976 b). *O ego e o id e outros trabalhos*. Rio de Janeiro. Imago. [Edição standard brasileira das *Obras psicológicas completas de Sigmund Freud*, vol. XIX]
GIKOVATE, F. (1989). *Homem: o sexo frágil?* 4ª ed., São Paulo, MG.
GOLDBERG, M. e TOSCANO, M. (1992). *A revolução das mulheres: um balanço do feminismo no Brasil*. Rio de Janeiro, Revan.
KAUFMAN, A. (1992). *Teatro pedagógico: bastidores da iniciação médica*. São Paulo, Ágora.
KAUFMAN, A., CUSCHNIR, L. et al. (1980). "Técnicas de abordagem com grupos de alunos de medicina". *Revista da Federação Brasileira de Psicodrama*, ano 3, n° 1, pp. 129-33.
KREIMER, J. C. (1991). *El varon sagrado: el surgimiento de una nueva masculinidad*. Buenos Aires, Planeta.
MARDEGAN Jr., (1992). "A crise da meia-idade no homem: um estudo exploratório dos fatores determinantes". São Paulo (Dissertação de mestrado, FGV/EAESP, 87 pp.).
_____. (1997). *Homem 40 graus: a hora do lobo*. São Paulo, Mercuryo.
MATARAZZO, M. H. (1996). *Encontros e desencontros*. 4ª ed., São Paulo, Gente.

MINTZ, L. B. e O'NEIL, J. (1990). "Gender Roles, Sex and the process of psycotherapy: many questions and few answers". *Journal of Counseling & Development*, V. 68, março-abril, pp. 381-7.

MORENO, J. L. (1992). *Quem sobreviverá? Fundamentos da sociometria, psicoterapia de grupo e sociodrama*. Goiânia, Dimensão.

_____. (1984). *O teatro da espontaneidade*. São Paulo, Summus.

_____. (1967). *Las bases de la psicoterapia*. Buenos Aires, Paidós.

NORWOOD, ROBIN (1987). *Mulheres que amam demais*. 18ª ed., São Paulo, Best Seller.

O'NEIL, J. M. (1981). "Male sex role conflicts, sexism and masculinity: psychological implications for men, women and the counseling psychologist". *The Counseling Psychologist*, 2, pp. 61-80.

RAFAELI, Jr., E. (1997). *Dor de cabeça*. São Paulo, Contexto.

ROSSI, A. M. (1993). *Homem não chora*. 2ª ed., Porto Alegre, Artes e Ofícios.

RUSCONI, M. (1991). *Amor plural masculino: Os homens descobrem o prazer dos sentimentos*. São Paulo, Maltese.

SAFFIOTTI, H. *A mulher nas sociedades de classes*.

SETE, M. C. B. (1991). "A condição feminina na maternidade". São Paulo (Dissertação de Mestrado — PUC).

SILVA, C. (1994). *O melhor de Carmem da Silva*. Rio de Janeiro, Rosa dos Tempos.

VARGAS, N. S. (1981). "A importância dos tipos psicológicos na terapia de casais". São Paulo (Dissertação de Mestrado — Faculdade de Medicina/USP).

Sobre os autores

ALEXANDRE SAADEH

- Mestre em psiquiatria pela FMUSP
- Professor de psicopatologia da PUC e UNIP
- Médico-assistente do serviço de psicoterapia do IPq-FMUSP
- Membro do Projeto Sexualidade (Prosex)

CARMITA HELENA NAJJAR ABDO

- Psiquiatra
- Professora-associada do Departamento de Psiquiatria da Faculdade de Medicina da USP
- Coordenadora do Projeto Sexualidade (Prosex) do Instituto de Psiquiatria do HC-FMUSP

CARLOS DAVID SEGRE

- Psiquiatra pela ABP
- Mestre em psiquiatria pelo Departamento de Psiquiatria da FMUSP
- Doutor em medicina pelo Departamento de Psiquiatria da FMUSP
- Médico-psiquiatra, pesquisador e supervisor do grupo de psicoterapia dinâmica breve do Serviço de Psicoterapia do Instituto de Psiquiatria do Hospital das Clínicas da FMUSP

EDUARDO FERREIRA-SANTOS

- Médico-supervisor do Serviço de Psicoterapia do IPq-FMUSP
- Mestre em psicologia clínica pela PUC/SP
- Autor do livro: *Espelho vivo, ciúme e Psicoterapia Breve* (da Editora Ágora)
- Autor em capítulos em vários livros de psiquiatria e psicoterapia

GERALDO MASSARO

- Médico
- Doutor em psiquiatria pela Universidade de São Paulo
- Formado em psicodrama pelo Instituto Sedes Sapientiae
- Ex-presidente, supervisor e terapeuta de alunos pela Federação Brasileira de Psicodrama (Febrap)

LÁZARO GROSS SCHARF

- Mestre e doutor em psiquiatria pela Faculdade de Medicina da USP
- Médico-assistente do Departamento de Psicoterapia do Instituto de Psiquiatria da FMUSP

LUIZ CUSCHNIR

- Médico-psiquiatra
- Psicoterapeuta
- Psicodramatista

MARCIA SZAJNBOK

- Psiquiatria
- Psicanalista
- Médica-supervisora do Serviço de Psicoterapia do Instituto de Psiquiatria do HC-FMUSP.

MARIA ODILA BUTI DE LIMA

- Médica-psiquiatra
- Psicodramatista
- Analista junguiana
- Supervisora do Serviço de Psicoterapia do IPq-FMUSP

MARISA V. LOURENÇO MICHELOTI
- Psicóloga
- Psicoterapeuta
- Psicodramatista

OSWALDO FERREIRA LEITE NETTO
- Psiquiatra
- Psicanalista
- Diretor do Serviço de Psicoterapia/Divisão médica do Instituto de Psiquiatria da FMUSP

PATRÍCIA DE CAMPOS LINDENBERG SCHOUERI
- Médica-assistente do Serviço de Psicoterapia do HC-FMUSP
- Coordenadora do grupo de psicoterapia breve do Serviço de Psicoterapia do Hospital das Clínicas.
- Mestre em psiquiatria pela FMUSP.

RICARDO KFOURI
- Médico-assistente do Instituto de Psiquiatria do Hospital das Clínicas da FMUSP
- Professor-supervisor de psicodrama da SOPSP e da Febrap

SONIA MARIA DUARTE SAMPAIO
- Médica-assistente do Instituto de Psiquiatria do HC-FMUSP
- Supervisora do Departamento de Psicoterapia do IPq HC-FMUSP
- Psicoterapeuta junguiana pela Sociedade de Brasileira de Psicoterapia Analítica.

Impresso pelo Depto Gráfico do
CENTRO DE ESTUDOS
VIDA E CONSCIÊNCIA EDITORA LTDA
R. Santo Irineu, 170 / F.: 549-8344

------- dobre aqui -------

ISR 40-2146/83
UP AC CENTRAL
DR/São Paulo

CARTA RESPOSTA
NÃO É NECESSÁRIO SELAR

O selo será pago por

SUMMUS EDITORIAL

05999-999 São Paulo-SP

------- dobre aqui -------

A PSICOTERAPIA NA INSTITUIÇÃO PSIQUIÁTRICA

recorte aqui

CADASTRO PARA MALA-DIRETA

Recorte ou reproduza esta ficha de cadastro, envie completamente preenchida por correio ou fax, e receba informações atualizadas sobre nossos livros.

Nome: _____ Empresa: _____
Endereço: ☐ Res. ☐ Coml. _____ Bairro: _____
CEP: _____ - _____ Cidade: _____ Estado: _____ Tel.: ( ) _____
Fax: ( ) _____ E-mail: _____
Profissão: _____ Professor? ☐ Sim ☐ Não Disciplina: _____ Data de nascimento: _____

1. Você compra livros:
☐ Livrarias ☐ Feiras
☐ Telefone ☐ Correios
☐ Internet ☐ Outros. Especificar: _____

2. Onde você comprou este livro? _____

3. Você busca informações para adquirir livros:
☐ Jornais ☐ Amigos
☐ Revistas ☐ Internet
☐ Professores ☐ Outros. Especificar: _____

4. Áreas de interesse:
☐ Psicologia ☐ Comportamento
☐ Crescimento Interior ☐ Saúde
☐ Astrologia ☐ Vivências, Depoimentos

5. Nestas áreas, alguma sugestão para novos títulos? _____

6. Gostaria de receber o catálogo da editora? ☐ Sim ☐ Não
7. Gostaria de receber o Ágora Notícias? ☐ Sim ☐ Não

Indique um amigo que gostaria de receber a nossa mala-direta

Nome: _____ Empresa: _____
Endereço: ☐ Res. ☐ Coml. _____ Bairro: _____
CEP: _____ - _____ Cidade: _____ Estado: _____ Tel.: ( ) _____
Fax: ( ) _____ E-mail: _____
Profissão: _____ Professor? ☐ Sim ☐ Não Disciplina: _____ Data de nascimento: _____

Editora Ágora
Rua Itapicuru, 613 Conj. 82 05006-000 São Paulo - SP Brasil Tel (011) 3871 4569 Fax (011) 3872 1691
Internet: http://www.editoraagora.com.br e-mail: agora@editoraagora.com.br

cole aqui